/ ガイド /
社会心理学

田之内 厚三・土屋 明夫・和田 万紀
伊坂 裕子・鎌田 晶子 —— 共著

田之内 厚三 —— 編

北樹出版

・執筆者一覧・

田之内厚三	（麻布大学、生命・環境科学部教授）	第1章・第4章
鎌田　晶子	（文教大学人間科学部准教授）	第2章
土屋　明夫	（日本大学経済学部助教授）	第3章
和田　万紀	（日本大学法学部教授）	第5章
伊坂　裕子	（日本大学国際関係学部助教授）	第6章・第7章

（執筆順）

はしがき

　本書は、これから社会心理学を学ぼうとする人たちを対象に、現代社会心理学の領域を7章に絞って概説したテキストである。
　一般に、社会心理学のテキストは、ほぼ12〜15章前後で構成されており、分量も200頁を越え、しかも価格は2,000円以上のものが多い。これでは、せっかく購入しても、大学の半期授業では全体を十分に咀嚼できず、学生の金額的な負担も重いことから、ときとして不満の声を聞く。そこで、半期間にじっくり腰をすえて学習できる内容の量で、しかも現代社会心理学の基礎領域をほぼ網羅した低価格の概説書はできないか、ということで5人の社会心理学者が集まって知恵を絞った結果が、本書である。
　本書の特徴は、社会心理学の基礎領域をそのタイトル通り「ガイド」することにある。半期約13回で終了できる内容で、各章ともに定説を尊重しつつも、最新の文献にも目を配り、それらを簡潔でわかりやすい表現で記述することを執筆、編集方針とした。しかも具体的な実験例を豊富に引用していることも特徴の1つである。したがって、社会心理学の初学者であっても、各章を通読すれば、現代社会心理学が何を対象とし、どのような問題がどこまで明らかにされているのかを体系的に理解することができる構成になっている。
　7章とした理由は、つぎのようなことからである。人と人との相互作用には、①社会・集団を構成する成員の動機、態度、認知過程、性格特性等、その人の内的要因が影響している。これらの問題を扱っているのが第2、3、5章である。また、②集団の持つ規範や構造等、集団の特性も大きな要因となる。これが第4章である。さらに、③まわりの状況要因も影響する。これが第6、7章である。こうした対人相互作用における3要因の機能的関係を理解することが本書の企画主旨である。
　以上のような意図のもとに編集したが、もし全体的な調整に不十分なところ

が残っているとすれば、それは私の力が足りなかったためであり、読者諸賢のご寛容をお願いする次第である。

　ところで、本書は、故村井健祐先生が最後に編集された『社会心理学へのアプローチ』の全面改訂版といってもよい。先生の教えを受けた5名の執筆者が再び集まり、前書をベースに、改めてより簡潔でわかりやすいものに書き直したものである。果たして、先生が目指された内容を超えたものになっているかどうかは、いささか心もとないが、われわれがここに『ガイド社会心理学』を上梓できるということは、村井先生への恩返しという意味でも、大きな喜びである。

　最後に、本書が出来上がるについては、北樹出版の登坂治彦社長に大変お世話になった。原稿の仕上がりが遅くなって、内心忸怩たる思いもされたであろうが、それをじっと我慢され、待ってくださり、多くのご苦労をおかけしたと思う。また、その間も種々、適切なアドバイスをたまわった。ここに記して、お詫びとお礼を申し上げたい。また、『社会心理学へのアプローチ』を分担執筆された先生方にも、本書での引用を快くご承諾いただき、深く感謝申し上げる。

2006年4月10日

著者代表

田之内　厚三

目　次

第1章　社会心理学の輪郭
1　「人間は社会的動物である」の意味 …………………………… 10
2　社会心理学の視点と課題…………………………………………… 11
　　(1) 社会心理学から何を学ぶか　(2) 社会心理学の研究対象
　　(3) 社会心理学の新しい動向
3　社会心理学の研究方法……………………………………………… 14
　　(1) 実験法　(2) 観察法　(3) 調査法　(4) 測定法
4　研究上の倫理………………………………………………………… 21

第2章　社会的行動の基礎
1　行動を動機づけるもの……………………………………………… 23
　　(1) 社会的動機　(2) 内発的動機づけ　(3) 社会的学習
2　社会的自己…………………………………………………………… 32
　　(1) 自己認知　(2) 自己評価　(3) 対人場面での自己
3　対人行動（対人相互作用）………………………………………… 49
　　(1) 協同と競争の効果　(2) 攻撃行動　(3) 援助行動

第3章　社会的態度
1　態度とは何か………………………………………………………… 59
　　(1) 態度の定義　(2) 態度の3要素および3要素間の一貫性
　　(3) 態度の機能
2　態度に関する諸理論——さまざまな視点からの考え方—— ……… 63
　　(1) 認知的一貫性の理論　(2) 態度における情報処理過程から見た理論　(3) 態度と行動の関係性に視点をすえた理論
3　態度の変容——説得による態度変化—— ………………………… 75

4　ステレオタイプと偏見……………………………………………………… 82
　　　　　⑴ ステレオタイプ・偏見・差別とは　⑵ 偏見の形成
　　　　　⑶ 偏見の解消

第4章　小集団行動

　　1　集団の構造と機能…………………………………………………………… 87
　　　　　⑴ 集団の意味と類型　⑵ 集団の形成　⑶ 集団の構造
　　　　　⑷ 集団の機能

　　2　集団の影響………………………………………………………………… 93
　　　　　⑴ 集団の圧力　⑵ 同調行動　⑶ 権威と服従

　　3　リーダーシップ…………………………………………………………… 99
　　　　　⑴ リーダーシップの機能と役割　⑵ リーダーシップの理論
　　　　　⑶ 今の時代が求めるリーダー像

第5章　社会的認知

　　1　社会的環境の認知………………………………………………………… 106
　　　　　⑴ 閾下知覚　⑵ 社会的スキーマ　⑶ 推論のバイアス
　　　　　⑷ ヒューリスティックス　⑸ 感情の効果　⑹ 印象形成

　　2　帰属過程…………………………………………………………………… 117
　　　　　⑴ 共変動理論　⑵ 対応推論理論　⑶ 成功・失敗と帰属
　　　　　⑷ 帰属の誤りとバイアス

　　3　対人魅力…………………………………………………………………… 121
　　　　　⑴ 対人魅力とは　⑵ 対人魅力の規定因

第6章　大衆現象の心理

　　1　災害の心理………………………………………………………………… 125
　　　　　⑴ 災害時の避難行動　⑵ 避難行動に影響を与える要因
　　　　　⑶ 災害情報の伝達　⑷ 災害時の流言　⑸ 流言伝播の要因
　　　　　⑹ 災害時のパニック

　　2　被災者の精神的ストレスと心のケア…………………………………… 136
　　　　　⑴ 災害の衝撃から回復までの個人と社会の様相　⑵ 災害後の
　　　　　心的外傷後ストレス症候群（PTSD）　⑶ 災害時の愛他行動

3　流　　　行 ……………………………………………… 142
　　　　⑴ 流行の種類　　⑵ 流行の特質　　⑶ 流行とマス・コミュニケーション

第7章　社会的パーソナリティ
　　1　文化とパーソナリティ ………………………………… 146
　　　　⑴ 文化とパーソナリティ論　　⑵ 文化とパーソナリティ論への批判と最近の研究動向　　⑶ 個人主義と集団主義　　⑷ パーソナリティの5因子論による比較
　　2　異文化適応 ……………………………………………… 156
　　3　日本人の国民性 ………………………………………… 157
　　　　⑴ 多様な日本人論　　⑵ キーワードから見る日本人の国民性　　⑶ 日本人のコミュニケーション　　⑷ 計量的研究に見られる日本人の国民性

人名索引 ……………………………………………………………… 162
事項索引 ……………………………………………………………… 164

ガイド
社会心理学

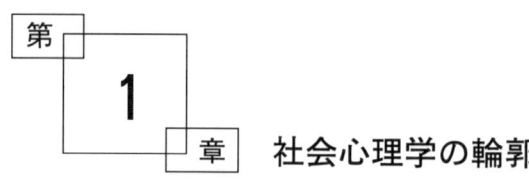# 社会心理学の輪郭

1 「人間は社会的動物である」の意味

　アリストテレスは「人間は社会的動物である」といっているが、これはどういう意味であろうか。「人間は人間社会の中でしか生きていけない」という意味ではない。なぜなら、1799年、フランスのアヴェロンの森で捉えられたヴィクトールは、誰の世話もなく、ただ1人で生きていたし、1920年にインドのジャングルで発見された2人の少女アマラとカマラは狼の中で育てられた。彼らは人間社会の外で、しっかりと生きていたのである。

　これらの事例について共通していえることは、幼少時に正常な社会的環境をはく奪されると、人間的な発達や人格形成が阻止されるということである。発見されたとき、彼らはともに口がきけず、歩行困難で、寒暖の温度感覚も分からず、知能も低く、人間らしさはまったく備わっていなかったという。このようなケースでの精神遅滞を〈隔離性アメンチア（isolation amentia）〉と呼ぶが、このことからも、われわれは、「社会や集団の中で生きていくことで、初めて人間となることができる」のである。

　われわれは、誕生後、家族、学校、職場といったさまざまな集団の中で生活し、そこで、多くの人と出会い、いろいろな事柄を学ぶ。そして、この過程を通して、社会に適応した人格を育て、かつ適切な行動様式を身につけていくのである。この意味で、人間が人間として成長していくには、自分を取り巻く事物や事象、他者の存在といった、いわゆる社会的環境の影響が不可欠なのであ

る。そして、社会心理学は、この社会や集団の中での人と人との相互作用のあり方を研究する学問である。

2　社会心理学の視点と課題

(1)　社会心理学から何を学ぶか

　現在、心理学には実に多数な領域がある。研究者の数だけ領域があるといっても過言ではない。こうした多様な領域の中で、社会心理学は、とりわけ日常生活に密着した身近な学問であるといえる。それは、ふだんの生活やわれわれの日常経験から派生した平凡な出来事を取り上げ、そのときの行動や心の動きをコツコツと地道に研究していく科学である。たとえば、

- 暴力的な番組ばかり見ていると、その人の攻撃心は増すのか。
- 駅のホームで因縁をつけられている女性がいるのに、なぜまわりにいる人は助けようとしないのか。
- 相手を説得するにはどのような方法が効果的なのか。
- 混み合っていることが分かっていながら、なぜ人はそこへ出かけるのか。
- 第1印象は当たるか。
- 「火事場の野次馬」と呼ばれる群集を解散させる効果的な方法とは。
- 学校にまつわる怪談話はなぜ多いのか。
- 「韓流ブーム」の背景にある日本人の心理とは。

　これらは日々、出会うありふれた疑問である。社会心理学を学ぶことの面白さは、ある手法や道具を用いて、これらの疑問に関する客観的なデータを収集し、その分析結果が自分の考えていた推論と一致しているかどうかを検証するところにある。それにはまず、ふだんの人間関係やさまざまな社会現象に日頃から関心を持って、その中で生じる疑問に対してどのような説明が考えられるか、アレコレと自分なりに憶測してみる姿勢を養うことが大切である。そして、自分なりに説明がつけば、その事柄に関する社会心理学のテキストを読んでみ

るとよい。はたして、そこに書かれている心理過程と自分の推論が同じかどうか、比較・検討してみると楽しい。こうして、いろいろな事象を鋭く、複眼的に眺めることができるようになれば、どのような根拠に基づいて解釈がなされているのか、科学的な目でその現象を評価できるようになるであろう。

また、社会心理学は、総合科学的性格を持つ学問である。社会心理学が、他者とかかわり、社会とかかわり、文化とかかわる社会的人間を対象とするならば、おのずと他の学問領域とのかかわりでこれを扱わなければならない。心理学はもちろん、社会学、文化人類学、経済学、歴史学、政治学、精神医学などの理論、方法論、知識についても理解を深めるよう努めなければならない。

(2) 社会心理学の研究対象

社会心理学は、社会的存在としての人間行動を対象として研究する学問である。そこで取り上げられる主なレベルには、具体的には、下記のようなものがある。

1) 社会状況の中での個人のあり方
2) 個人と個人の関係、すなわち対人関係、対人相互作用
3) 個人の集まりが1つのシステムとなった小集団行動
4) さらに集団の規模が大きくなった社会組織体
5) 不特定多数からなる大規模集団、集合行動
6) 社会的活動の成果としての文化、流行、国民性、世論、マス・コミュニケーション、消費者行動など

現代の社会心理学の内容は、これらいずれかの次元において扱われているが、そのテーマには、大きくミクロとマクロの問題がある。一般に、前者では「社会」自体が抱える問題に力点が置かれ、後者においては、社会の中の「人間」中心に研究がなされる。

一例をあげてみよう。かなり古い事件であるが、1968(昭和43)年に【広域重要「108号事件」】と呼ばれた4件の連続射殺魔事件が発生した。さて、このような事件が起きたとき、社会学者はどのようにコメントするであろうか。犯

人のNは法廷で「無知で極貧が犯罪者をつくった。資本主義が貧乏な奴をつくるから、俺がここにいるんだ」と叫んだが、社会学者はこの発言に注目し、事件発生の原因を社会構造のひずみという視点から切り込んでいくかもしれない。彼らの関心は、マクロレベルでの社会解体やアノミー、貧困といった問題と人間行動との関係を分析することにあるからである。

　これと対照的なアプローチをするのが、臨床心理学者、犯罪心理学者かもしれない。Nは面会に来た母親に対し「おふくろは、俺を3回捨てた」といったそうであるが、彼らは、母親に捨てられたと思い込んでいるNの個人的特徴に注目する。Nの性格や資質、生育歴や家庭環境を調べ、その犯罪との因果関係を詳細に検討する。この場合、分析の視点は、あくまでその個人であり、研究者の関心は、その個人の精神構造と動機を探求することに向けられる。

　社会心理学では、分析視点は上の2つとはまた異なっている。社会心理学者の目は、犯罪が起こったその場の状況に向けられる。たとえば、Nが米軍基地でピストルを盗まなかったら、また別の展開があったかもしれない。あるいは、集団就職先で上司や同僚に恵まれ、暖かい人間関係が築けていれば、違った人生を歩んでいたかもしれない。4件の事件では、その直前にいろいろな人たちと出会い、不審がられている。もし、その中の1人でも警察に通報していれば、その後の悲劇は起こらなかったかもしれない。状況が違えば、同じ人間でも異なった行動をとったかもしれないというのが、社会心理学者の見方である。行為の原因をその個人の特性や動機にのみ求めるのではなく、まわりの物理的、社会的状況にも求めるのである。そこに現れた行為は、それを行った個人とそのときの状況の相互作用の結果・産物であると考えるのである。これが社会心理学の研究視点である。

(3) 社会心理学の新しい動向

　社会学では、社会の現象そのものに関心が向けられ、社会を構成する人間そのものを見ないきらいがある。反対に、心理学においては、方法論的な厳密さを追求するあまり、実験室内実験を重視して、現実社会から切り離された人間

を扱いがちなきらいがある。このことから、それぞれに対して、「人間」のいない社会心理学、「社会」のない社会心理学という批判がされる。しかしながら、近年は、自然観察法やフィールドスタディなどを用いて、ありのままの人間行動をありのままの生態的な環境に置いて研究しようとする動きも強くなっている。いわば、社会心理学の研究が、これまで以上に具体的な、現実の生の人間関係を対象としたものになっているということである。

　さらに、比較的最近まで、社会心理学者が病気や健康といった問題に関心を払うことはあまりなかった。たとえば、不安や抑うつ、情緒障がい、アルコール依存、自殺といった精神的な問題は、これまで主に臨床心理学の領域で捉えられていた。しかし、1990年初頭から、社会心理学と臨床心理学を結びつけようとする研究や理論が数多く出回るようになり、社会心理学者は感情的、行動的問題に積極的な関心を抱くようになり、〈臨床社会心理学〉という分野が注目されるようになってきた。たとえば、怒りや悲しみ、憂うつといった感情的問題に陥るのは、対人関係のストレスであることが多いし、そうした問題から回復するか否かを決めるのも、家族や友人などの親密な対人関係なのである。つまり、人間の心理は対人関係によって影響されているのであるから、感情的問題も対人関係と密接な関係にある。あるいは、引きこもり、不登校、非行といった不適応行動も、その人の生き方、ライフスタイル、社会構造などが密接に関連しているので、その社会的要因に焦点を当てる必要がある。このように、病気を理解し、健康を促進するためには、社会心理学的な視点が重要な意味を持っている。〈臨床社会心理学〉には、臨床現場で問題になるいろいろな現象について、社会心理学の主要な理論を用いた研究がたくさん見られるようになっている。

3　社会心理学の研究方法

　社会心理学で用いられる研究方法は、心理学や社会学の研究方法と基本的には同じものである。ここでは、よく用いられるものを紹介する。

(1) 実験法

　社会心理学における実験には、現場実験と実験室内実験がある。前者は、企業組織や学級集団などを対象に、実際の現場の中で行う実験である。このため、被験者に自然なものと受け取ってもらいやすいが、半面、研究目的以外のさまざまな要因を統制することが難しい。後者は、実験室の中で人為的にいろいろな条件を一定にしておいて、ある条件だけを操作し、それに対して反応がどのように変化するかを、意図的・組織的に観察する方法である。これだと、厳密に変数を統制した実験が可能になるが、その代わり、実験場面が現実性に乏しい不自然なものになる危険性をはらんでいる。

　実験法では、実験者自身が操作させる変数を独立変数（independent variables）といい、この独立変数の変化によって起こる被験者の反応を従属変数（dependent variables）という。独立変数は刺激（S）、従属変数を反応（R）と考えればよい。そして、一般に、刺激が与えられると、その刺激はまず被験者の心（O）で受け止められ、解釈され、反応が起こる。この場合、その被験者の心の動き（心的過程）を媒介変数（intervening variables）という。たとえば、アッシュ（Asch,S.E.）の有名な同調行動実験を例にあげると（95頁参照）、線分判断で、8人グループの7人はサクラである。彼らは、誰が見ても間違いである線分を報告する。本当の被験者はその見えない集団の圧力によって、おかしいとは思いつつも同調し追従してしまう。この場合、つぎつぎに呈示される線分判断は独立変数であり、それに対する被験者の報告が従属変数である。また、サクラたちの間違った報告が被験者の判断を歪めたとすれば、この集団圧力が媒介変数ということになる。

　実験法では、被験者は複数必要であり、各被験者群は、条件が統制された実験群と、何も操作が加えられていない統制群の2群に分けて比較されなければならない。この方法の長所は、他人が同じ実験をしても同じ結果が得られるという再現性があるという点である。また、子どもにも動物にも応用できるので、

社会心理学ではもっともよく用いられている方法である。

(2) 観 察 法

観察法とは、研究者が何ら特別の操作を加えないで、ありのままの現象を観察することで、データを得る方法である。これには2種類の方法がある。

1) 参加観察法：

研究者自身が、観察対象となる集団や組織に飛び込んで、その一員となって観察を行うものである。外から眺めていただけでは実態が分からないような場合、あるいは本格的な研究の準備段階として、研究の方向性に道筋をつけておきたいような場合によく用いられる。たとえば、路上生活者がどのようなハウスに住んでいるのかを調べた貴重な記録がある（長嶋千聡、2005）。はじめは要注意人物なので、うろちょろしてまず顔を覚えてもらい、豚足を肴に酒を酌み交わし、1週間から1ヶ月かけて訪問許可をもらう。そして、2年9ヶ月の間生活を共にし、手書きのスケッチと図面と文章で住人の住まい方、工法を調べあげたのである。

2) 組織的観察法：

何をどのように観察し、記録するかをあらかじめ決めておく方法である。この方法を用いれば、量的データを得ることができるし、統計的処理も容易である。幼稚園や小学校で子どもたちにどのような遊びがよく見られるかを調べたいとき、ただ自然な様子を観察するという単純観察法（自然観察、非構造的観察）もあるが、組織的観察法は、あらかじめ定めておいた観察項目について、時間を決めて観察、記録していくといった工夫（時間見本法）のもとに行われるものである。この方法は、枠組みの作り方によって、つぎの2種類に分けられる。

① 行動目録法（チェック・リスト法）：　子どもたちの遊びをありのままに逐一記録していく方法を行動描写法というが、これは、実際やってみると、大変な作業である。それで、予想される観察項目をあらかじめいくつか用意しておき、子どもたちが観察項目に該当する行動を何回行ったか、その出現頻度を

記録することによって、行動の質的特徴を量的に把握しようとする方法である。この1つに、カテゴリー・システムがある。本来、この方法は、ベールス（Bales,R.F.）が小集団の相互作用の過程を系統的に記録、分析する方法として考案したものであるが、他の諸行動の組織的観察にも用いることができる。

② **評定尺度法**： カテゴリー・システムの問題点は、行動の出現頻度だけを記録するだけで、その行動がどの程度の強さで現れたかを分析することはできない。また、成員の行動を細かくチェックするので、集団の全体像を見逃してしまう危険性もある。これを補うのが評定尺度法である。クラスの集団討議を例にとれば、カテゴリー・システムでは、誰がどのような発言や行動をしたかが個々に逐一記録されていく。それに対して、評定尺度法では、討議の終了後、「討議はどの程度活発であったか」「クラス同士、どの程度友好的であったか」などの項目について、観察者の受けた印象をもとに、集団全体の行動特徴の強さを5〜7段階からなる尺度によって評定しようとするものである。ヘインズ（Heyns,R.）が集団討議の研究に用いた評定尺度は有名である。

(3) 調査法

調査法は、一般には、調査票や質問紙を用いてデータを収集する方法を指す。多数の人びととの行動や意識を客観的に把握する場合は、この方法がもっとも効果的である。調査法は、質問紙調査法と面接調査法に大別される。

1) 質問紙調査法：

ふつうはアンケート調査法とも呼ばれている。質問紙の配布・回収の仕方から、 i ）郵送法、 ii）留置法、 iii）集合調査法、 iv）電話調査、に分けられる。留置法は、質問紙の配布後、一定期間をおいて回収する方法である。面接調査より手間がかからず、回収率も高いなどの長所もあるが、記入ミスとか本人が回答したか不明であるという欠点もある。集合調査法は、回答者全員に1ヶ所に集まってもらい、質問紙を配布して、一斉に記入してもらう。謝礼や交通費の問題があるが、回収率や効率の点で優れている。電話調査は、手間も費用もかからず、短期間に高回収率をあげられるという長所があるが、最近は、詐欺

まがいの調査や個人情報保護の観点からも、電話アンケートに回答してくれる人はきわめて少なくなっている。

2) 面接調査法：

調査者が被調査者と対面して調査を行うものであるが、これは、個人面接法と集団面接法に分けられる。さらに、面接調査法は、ⅰ) 構造化面接法、ⅱ) 非構造化面接法、ⅲ) 半構造化面接法、に分けられる。ⅰ) は、質問項目、項目の順序、回答方式があらかじめ決められているもので、この点で質問紙法に近い。ⅱ) は、質問の意図は決まっているものの、質問事項と進め方は、面接の進行に応じて自由に決められる。ⅲ) は、両者の中間をいくもので、多くの面接はこの形で行われる。

質問紙調査法は、面接調査法に比べて大量のデータを得ることができる。しかし、短所としては、質問が多義的に解釈される、被調査者の拒否的・反発的態度をその場で調整できない、「建前」で回答されて被調査者の真の姿がなかなか浮かんでこない、とくによく用いられる郵送法では回収率が悪い、といった問題点もある。一方、面接調査法は、質問紙法では聞くことのできないような個別の事項や微妙なニュアンスを含む回答を引き出すことができる点で優れているが、調査に熟練が要求される。どちらを用いるかは、調査目的に照らして決められる。

最近では、インターネットや携帯メールを利用した新しい調査法もよく用いられている。

(4) 測 定 法

たとえば、身長や体重は直接測ることができるが、愛校心の強さや特定の政党への好意度などは、そのまま数値で捉えることは難しい。測定法とは、このような直接的には測定できない対象の量的特性を、間接的に数値で表現しようとする方法である。たとえば、愛校心の強さを示す物差しとして、大学名の入ったグッズを持っている学生の割合を調べたり、政党への好意度の指標として、集会やイベントへの参加頻度を測定したりすれば、これは間接測定ということ

になる。社会心理学では、社会的態度の研究や小集団の人間関係の分析にこの手法がよく使用される。

1) 態度測定法：

態度は直接測ることができない構成概念であるから、その測定においては、間接測定のための尺度をどのように構成するかが重要な問題となる。これまでに考案された尺度では、サーストンの等現間隔法、リッカートの評定加算法、ガットマンの尺度分析、などが有名である。これらは、何らかの統計的処理によって一次元上の連続体上に項目群が並ぶように作られた尺度であるが、最近はＳＤ法（semantic differential method）や多次元尺度分析のような多次元的な構造を前提とした尺度構成法も用いられるようになっている。

オスグッドら（Osgood,C.E. et al.）が開発したＳＤ法は、多種多様な概念の"内包的な意味"の違いや関係を客観的・定量的に記述し、表現するために工夫された方法で、その手続きは、多数の評定尺度を用いて、諸概念を評定するところにある。概念の内包的な意味とは、とくに情緒的な側面を強調している。たとえば、月を「美しい」「澄んだ」「静かな」ものとするような場合である。したがって、評定尺度としては形容詞対を用いるのが一般的である。山崎 (2003) は、コント、漫才、落語といった〈お笑いジャンル〉に対するイメージをＳＤ法で測定しているが、個々の尺度ごとの平均値プロフィールを比較すれば、どこに大きな差があるかが分かる。また、因子分析を用いれば、そこで抽出された基本次元ごとの比較も可能である（図1-1）。さらに、各次元を座標軸とする空間内に各ジャンルを位置づけることによって（意味空間）、お笑いジャンル間の距離（類似度）を計算し（Ｄスコア）、比較することもできる（図1-2）。この意味で、ＳＤ法は、人物、都市、企業、商品などのイメージの測定に広く使用されている。

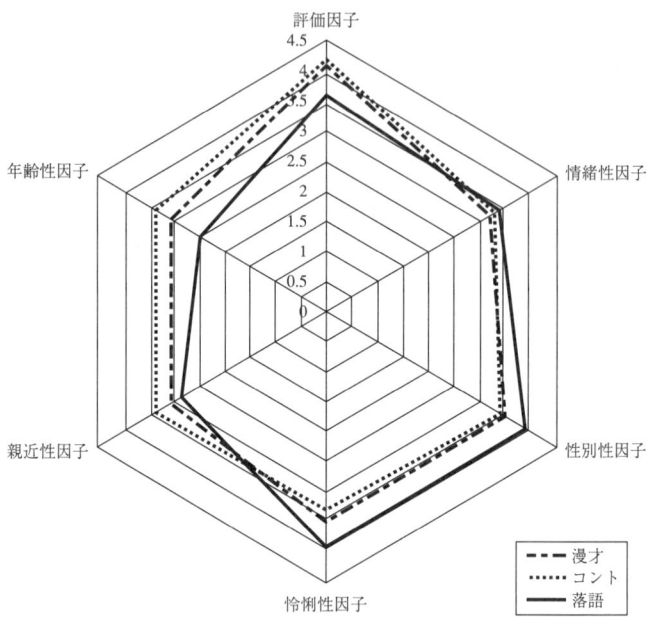

図1-1 お笑いジャンルの因子別評価

(山崎康弘、2003、卒業研究より抜粋)

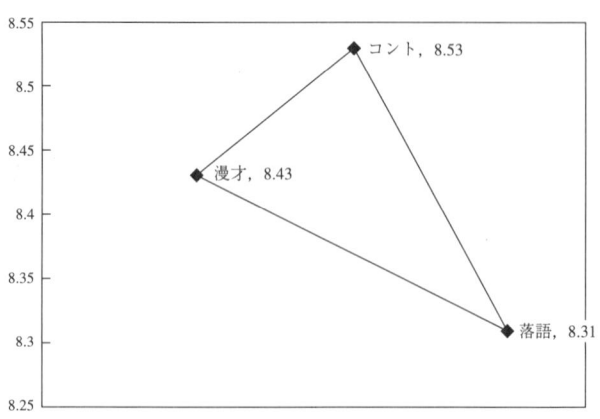

図1-2 お笑いジャンル間の距離関係

(山崎康弘、2003、卒業研究より抜粋)

2) ソシオメトリック・テスト：
モレノ（Moreno, J.L.）が考案したソシオメトリー（sociometry）の技法の1つで、小集団内の人間関係のネットワークを測定する方法である。たとえば、クラス内での好きな人、嫌いな人、一緒にいたい人、いたくない人を全員に示してもらい、選択あるいは拒否などの数や順位から、誰が人気者か、クラスにとけ込めない子どもは誰か、小グループはどのくらいあるのか、といったクラス内の様相を捉えることができる。テストの結果は、相関表形式に整理したソシオマトリックスや視覚的に図示したソシオグラム（90頁参照）などで表される。これを手掛かりにすれば、その結合関係を改善することでクラスの運営を効果的に行うことができる。ただ、ソシオメトリーで分かる構造は集団の1側面であり、選択の基準で構造が違ってくることに注意する必要がある。また、成員が相手を意図的に選ぶ危険性もあるし、成員間の人間関係を「選択（親和）」「排斥（反感）」を軸に分析するので、倫理上の問題などもある。使用に当たっては、十分な配慮が必要である。

4　研究上の倫理

アメリカ心理学会（ＡＰＡ）をはじめ日本の各心理学会では、心理学者が守るべき倫理要綱を定めているが、その1つに、インフォームド・コンセント（informed consent）がある。これは、研究者は、研究対象となる人たちに、あらかじめ研究目的、手続きを説明した上で、研究に参加・協力することへの了解を得なければならないというものである。しかし、とくに社会心理学では、しばしばディセプション（deception、だまし、真の目的を伝えずに実験を行うこと、サクラを使うこと）を用いるため、事前に説明してしまうと、研究の目的を達成できない場合が多い。したがって、そのような場合は、事後に謝罪し、説明し、了解を求めることになっている。その際、対象者に与えた身体的、精神的苦痛が完全に回復されるよう努めなければならない。また、ミニマル・リスク（minimal risk）についても十分な配慮が必要である。これは、参加者が

抱く心理的負担、苦痛、不快感等、過剰なストレスや刺激は最小限に抑えなければならないというものである。この場合、「研究において予想される危険性は、どんな場合でも日常生活で通常遭遇する危険性を上回らないようにしなければならない」と規定されている。第3は、データが得られた時点で、結果を協力者にどのような形でフィードバックするかという問題である。この手続きをデブリーフィング（debriefing）という。協力者の疑問に答え、疑惑、誤解を解く上でも重要なものであるから、十分に時間をとり、慎重に、秩序だてて行なわなければならない。第4は、研究や教育の場面で得られた個人情報の扱いである。多くの場合、データは統計処理されて公表されるが、処理後の個人情報が不適切な形で漏れないよう厳重な管理も必要である。

(田之内厚三)

〈参考文献〉

末永俊郎編『社会心理学研究入門』東京大学出版会、1987
末永俊郎・安藤清志『現代社会心理学』東京大学出版会、1998
池上知子・遠藤由美『グラフィク社会心理学』サイエンス社、1998、2-12頁
村井健祐・土屋明夫・田之内厚三編著『社会心理学へのアプローチ』北樹出版、2000、12-24頁
R.M.コワルスキ、M.R.リアリー編著、安藤清志・丹野義彦監訳『臨床社会心理学の進歩』北大路書房、2001
海保博之『心理学ってどんなもの』岩波ジュニア新書、2003
安藤寿康・安藤典明編『事例に学ぶ心理学者のための研究倫理』ナカニシヤ出版、2005

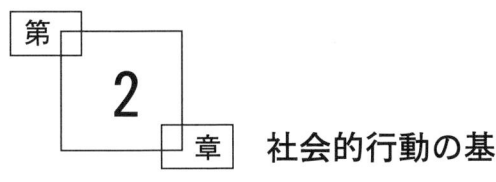

社会的行動の基礎

1 行動を動機づけるもの

(1) 社会的動機

① **動機とは何か**： 自動車が動くためには動力源となるエンジンが必要なように、人間が行動するためには、行動へと向かわせる原動力となるものが必要である。これを「動機」または「欲求」という。そして、何らかの行動に駆り立てられるプロセスを〈動機づけ〉と呼ぶ。他者の行動を観察し、なぜそのような行動をとったのかを理解するためには、その背後にある動機を知ることが1つの手掛かりになる。

動機には、生命の維持のために欠くことのできないものもあれば、他者と仲良くしたい、他者から尊敬されたいという対人関係に関連するものや、自分の立てた目標に向かって頑張りたいというものもある。

ⓐ **生理的動機**： 生理的動機は、渇き、空腹、睡眠などの生物的欲求に基づく動機である。人間の体内には、ホメオスタシスといって体内の生理的状態を一定に保とうとする働きがある。このバランス状態が崩れると、体内を安定的な状態に回復させるために生理的動機が湧き起こる。ほかには性欲もこれに含まれる。つまり、個体生命の維持と種の保存のために生物に備わっているのが生理的動機である。

ⓑ **社会的動機**： 食欲や睡眠欲求が満たされ、体内の状態が安定しさえす

れば、人は幸せに生きていけるのだろうか。もちろん、そうとはいえない。友人と一緒におしゃれなレストランで食事をしたいと思ったり、年頃の女性なら時には寒さに耐えながら（生理的動機に逆らいながら）、ミニスカートをはくこともあるだろう。人は、生理的動機だけで行動しているわけではない。多くのものを所有したい、他者と仲良くなりたい、みんなから尊敬されたい、高い地位を得たいなどのように、他者とのかかわりを持つ中で生まれてくる動機もある。これを社会的動機という。

② マレーの社会的動機： マレー（Murray,H.A）は、社会的動機について、つぎの表2-1に示される項目群をあげている。リストの中に見られる「親和動機」とは、他の人と友好的な関係を成立させ、それを維持したいという動機のことである。親和動機が高まると、知り合いに電話をかけたり、手紙を書いたり、アイコンタクトを多くとる等の行動が多くなるといわれている。また、不安の高い状況（たとえば、面接試験前の待合室など）では、親和欲求が高まり他者とのコミュニケーションが増えることなどもいわれている。一方、親和動機と相対するとされてきた動機が「達成動機」である。これは、目指すべき目標を設定してそれを達成しようとする動機づけである。達成動機が高まると、困難の伴う課題を好み、現実的な目標設定を行い、自分の遂行結果を知りたがるようになる。「親和動機」と「達成動機」には負の関係があるといわれているが、日本では必ずしも対立するものではないという指摘もある。

「生理的動機」と「社会的動機」のどちらが重要か、もしくはどちらが優先されるかといったことを判断することは難しい。人は、見た目を美しくするために、過剰なダイエットをして生命の危機を招いたり、寒さを我慢しておしゃれに薄着をして風邪を引くこともある。さらには、尊敬されていた地位を失ったり、愛する人を失うことで、不幸にも自殺してしまう例も残念ながら見られる。これらは、生理的動機よりも社会的動機を優先したためと解釈できる。社会的動物である人間は、ただ生理的に生きていければいいというものではなく、社会的動機のある程度満たされた中で、初めて幸福な人生を送ることができるのである。

表2-1 マレーの社会的動機リスト

遊戯動機	楽しさや面白さを求める。緊張をやわらげ、冗談やゲームを好む。
理解動機	理論的な考えを求めたり、物事の仕組みを理解しようとする。
変化動機	新しいことを好み、流行に敏感で変革を求める。
秩序動機	安定、秩序、伝統などを大切にする。整理、整頓、正確さを目指す。
達成動機	努力して高い目標をやり遂げる。才能を生かし自尊心を高める。
親和動機	好きな人の近くにいたい、助け合いたいと思う動機。友情を重視する。
屈辱動機	自分を責め、非難や罰を受け入れたいという思う。敗北を認める。
攻撃動機	言葉や力を使って相手を屈服させたい、反対を克服したいと思う。
自律動機	束縛、強制、横暴な権威、因習を嫌い、自由と独立を求める。
支配動機	人の上に立ちたい、説得や命令によって人に影響を与えたいと思う。
服従動機	優れた人の命令に従い、その人の言う通りにしたいと望む。
顕示動機	目立ちたい、人を驚かせたり、楽しませたりして印象づけたいと思う。
援助動機	弱い者、困っている者などを助け、慰め、励ましたいと思う。
依存動機	甘えたい、助けてもらいたい、愛されたい、同情されたいと思う。
異性愛動機	異性を求め、恋愛関係や性的関係に関心を向ける。
屈辱回避動機	失敗して軽べつされることを避けたいと思う。自己防衛的な思い。

③ **マズローの動機の階層説：** マズロー（Maslow, A.H.）は、図2-1に示されるような動機の階層説を唱えている。ここでは、基底となる生理的動機から上層の自己実現動機に至るまで階層的に積み重なっており、下層の欲求が満足されて初めて、より上層の欲求へと向かう様子が示されている。下層から、「生理的動機」、「安全・安定の動機」、「愛情・所属の動機」、「承認・自尊の動機」、「自己実現の動機」と構造化されている。この中で、生理的動機から承認・自尊の動機までを「欠乏動機」という。これは、欠乏による不安感や緊張を解消し、最適の状態に戻すことによって満足感を得ようとする動機である。つまり、足りないから欲するもので、一定の水準まで動機がかなえられると、それ以上欲しいとは思わないとされる。他方、自己実現の動機は、「成長動機」と呼ばれ、目標成就を目指し困難に挑戦しようとみずから緊張を作り出し、それらの達成や克服から満足感を得ようとする動機である。これは個人の達成や自

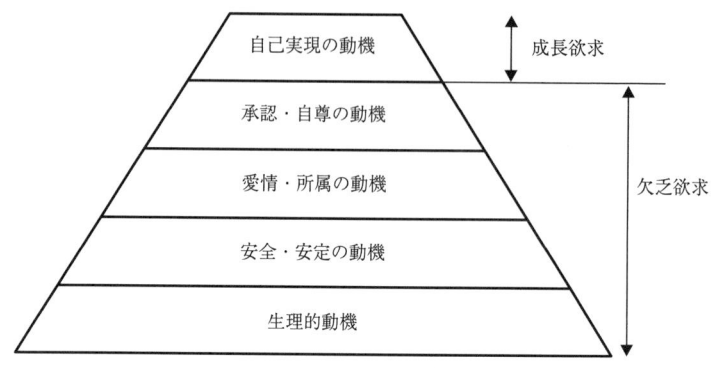

図2-1　マズローの動機の階層説

律というもっとも高次な動機であり、一定の目標がかなえられると、またつぎの目標そしてまたつぎの目標へ、というように天井のないものとされる。

④　成功・失敗の原因帰属：　目標を目指して行動した結果、失敗することもあれば、成功することもある。そんなときに、「なぜこういう結果になったのだろう？」とその原因を考えることがある。たとえば、残念ながら資格試験に失敗してしまったとする。試験に落ちた原因はいったいどこにあったのだろうか。それは、能力の不足のせいだろうか、それともちゃんと勉強しなかったためだろうか、資格試験が難しすぎたせいだろうか、もしくは今回たまたま運が悪かったからだろうか。

ワイナー（Weiner,B.,1974）は、成功・失敗の原因をどのように推測するのかについて原因帰属理論（120頁）を利用して、人が考える成功・失敗の原因を能力、努力、課題、運に分け、表2－2のようにまとめている。

表2-2　成功・失敗の原因帰属

	内的原因	外的原因
安定原因	能力	課題の難しさ
不安定原因	努力	運

自分に能力がないから失敗したと思ってしまえば、自信がなくなり、能力がないから努力しても無駄だと思うかもしれない。努力不足と思えば、つぎは頑張ろうと考えるだろう。

今回たまたま不運だったせいだと思えば、自信を失ったり、劣等感を持つことはないが、今後の努力にはつながりづらい。

　なぜこのような結果になったのかを、内的原因に帰属した場合には強い感情が生まれ、外的原因に帰属した場合にはとくに強い感情は生まれない。安定した原因に帰属した場合には、つぎも同じ結果だろうと思うし、不安定な原因に帰属した場合には、今回はたまたまで、つぎは違う結果になるかもしれないと考えることになる。

　一般に、子どもや生徒が失敗したときには、努力不足が原因と考えられるようにすることがよいといわれている。良い点数をとったときには、努力や能力を認めることが重要である。良い点数をとることがめったにないからといって、大人が大げさに驚きすぎると、子どもは自分の成功を運のせいにしてしまうかもしれない。自分は無能なのに、今回はたまたま運が良かっただけだと思ってしまうのでは、せっかくの良い点数が自信やつぎの努力につながらない。ドゥエック（Dweck, C.S.）は、算数の苦手な小学生を集め、まずその子たちにもできるような問題をつぎつぎに解かせた。さらに、今度はまだできない問題を与えた上で、できなかったのは能力不足ではなく努力不足であると考えさせるようにした。その結果、子どもたちのやる気が高まり成績が上昇したという。

　⑤　セルフ・ハンディキャッピング：　自分の失敗を努力不足だと思えれば、つぎは努力するだろう。ところが、実際には努力しない場合もある。

　人には、自尊感情（38頁参照）があり、自分自身を能力の低いダメな人間だとはなかなか思いたくないものである。一生懸命に努力をして、その結果失敗したのなら、それは自分の能力のなさを証明してしまうことになると恐れる気持ちがある。そこで、「自分はそんなに努力をしていないのだ」というハンディキャップをあらかじめ作り出す。そうしておけば、たとえ失敗した場合でも、その時点で自分に有利な解釈を行うことができる。このように、何か課題を行う前に、その遂行結果の評価的な意味をあいまいにするために、課題の遂行を妨害するような障害（ハンディキャップ）を自分自身で作り出す行動を、〈セルフ・ハンディキャッピング（self-handicapping）〉という（121頁参照）。

セルフ・ハンディキャッピングの形態には、「主張的」と「獲得的」の2つがあげられる。「主張的セルフ・ハンディキャッピング」とは、もともとあった不利な条件を口にすることである。たとえば、試験の前にクラスの友人に「どうしよう、全然勉強してないよ」などということは、主張的セルフ・ハンディキャッピングの一例である。この場合、試験の成績が悪かったら、クラスの友人からは「勉強しなかったからだ」と理解され、自分の能力がなかったという原因には帰属されない。また、もし試験の成績のよかった場合には、「勉強もしないのに成績がいい」とクラスの友人から高い評価を得ることになる。

一方、「獲得的セルフ・ハンディキャッピング」とは、自分の利益に反するような条件を自分自身で作り出すことである。たとえば、大切な試験の前にまったく勉強をしない、お見合いの席にわざと汚い恰好で行く、大事な会議の前日に深酒をするなど、もともと最大限の能力を発揮できないシナリオを自分自身で作り出し、巧妙に準備することである。この場合も、主張的セルフ・ハンディキャッピングと同様に、失敗しても今回は努力をしなかったから失敗したのであって、もともと自分に能力や魅力がないからではないと解釈することができる。また、万が一、課題遂行に成功すれば、もともと能力や魅力があったことになり、自尊感情を高めることができる。

それでは、どのようなときにセルフ・ハンディキャッピングを行いやすいのだろうか。ⅰ）これから行う課題が本人にとって重要であればあるほど、ⅱ）これからやる課題をうまくできるかという不安が高ければ高いほど、ⅲ）他者から評価を受ける可能性が高ければ高いほど、ⅳ）セルフ・ハンディキャッピングが首尾よく成功する可能性が高ければ高いほど、セルフ・ハンディキャッピングをしやすいことがいわれている。

(2) 内発的動機づけ

① **内発的動機づけと外発的動機づけ：** 誰からも命令されていないのに、自分の心の中から自然にやる気が湧き起こり、自らそれを実現していこうとする動機づけを〈内発的動機づけ〉という。誰に強制されたわけでもないのに夜遅

くまで大好きな推理小説を読みふけることや難しいプラモデル作りに没頭することなどは、内発的動機づけに基づいた行動の例である。このような動機づけに基づいた行動は、達成した場合の満足感が高い傾向にある。

　一方で、何か他の目的に応じて生じる動機づけを〈外発的動機づけ〉という。たとえば、おこづかいがもらえるからおつかいに行くといった報酬を目的とした動機づけや、先生に叱られたくないから宿題をするといった罰を避ける目的での動機づけがこれに入る。つまり、外発的動機づけは、外的な賞罰のための動機づけであるといえる。

　報酬を与えることは、人の動機づけを高めるための１つの方法である。ただし、外的報酬による行動を継続させるために、次第に大きな報酬が必要になることが多い。また、他者からやらされているということで自己統制感が低くなり、欲求不満が強くなることもある。たしかに報酬を約束されればそのときはやる気を起こすだろうが、結果的には悪影響になる場合さえあるので注意が必要である。とくに、もともと興味を持っているような行動（内発的動機づけに基づいた行動）に対して、外部から過度の報酬を与えられる（外発的動機づけ）と、内発的動機づけが損なわれることがある。

　レッパーら（Lepper,M.,Greene,D. & Nisbett,R., 1973）は、幼児を対象にしてつぎのような実験を行った。もともとお絵かきの好きな幼児たちに絵を描いてもらうのだが、その前に幼児たちを３つのグループに分けて、それぞれ別の教示を与えた。グループ１の子どもたちには、金色のシールとリボンのついた賞状をあげると約束した上で絵を描いてもらった（褒賞予期条件）。グループ２の子どもたちには、グループ１と同じ賞状をあげるのだが、絵を描き終わるまでこのことは知らせないで絵を描いてもらった（予期なしの褒賞条件）。グループ３の子どもたちには、何も知らせずただ絵を描いてもらい、とくに賞状もあげなかった（褒賞なし統制条件）。絵を描かせた後、保育園の教室に、常にマジック・マーカーと紙を置き、誰でも自由に絵が描ける状態にして、園児たちが自発的に絵を描くかどうかを観察した。その結果、グループ１の幼児は、グループ２や３の幼児より絵を描いて遊ぶ時間が明らかに少なかったという。つ

まり、賞が与えられるという条件下で絵を描いた子どもたちは、自発的に絵を描くことをあまりしなくなってしまったのである。ここで注目すべきことは、グループ2の子どもたちは、賞を与えられても自発的に絵を描くという行動が損なわれなかったことである。このことから、賞（報酬）を与えることが自発性を損なう原因なのではなく、あらかじめ賞が約束されていて、自分がそのために絵を描いたという認知を持つことが原因であると考えられる。最初から興味を持っている内発的動機づけに基づいた行動に報酬を与えると、子どもの自発性に悪影響を及ぼしかねないといえる。

② **自己決定感の重要性：** ディシ（Deci,E.L.）は、すべての外的報酬に2つの側面があることを述べている。1つは能力についての情報を伝える「情報的側面」であり、もう1つが行動をコントロールする「制御的側面」である（図2-2）。人には、自分がどれくらいできるのか確認したいという欲求がある。この欲求を満足する形で、情報的側面が強く認知されれば、「自分はこのくらいできるんだ」という有能感が上昇し、外発的動機づけから内発的動機づけへとつながる契機になる。一方で、監視や管理といった制御的側面が強く認知されて行動がコントロールされてしまうと、自己決定感が下がり、内発的動機づけも低下するのである。

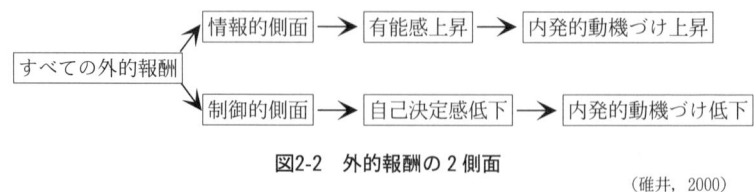

図2-2　外的報酬の2側面

(碓井, 2000)

　これまでの考えでは、動機づけは、内発的動機づけと外発的動機づけに二分されてきたが、近年は両者が連続的なものだという考えが登場してきている。外発的動機づけが内発的動機づけに変わっていくためには、その活動を通して、有能感を感じられることが必要だろうし、外からの強制や、制御的側面の強い外的な賞罰を減らして選択の自由を与え、自己決定感を高める必要があるだろう。自己決定感とは、誰に強制されたわけでもなく、自分で自分のやることを

決定するということである。自己決定の程度が高まることによって、外発的動機づけが内発的動機づけに変化すると考えられている。

(3) 社会的学習

① 社会化： 私たちは、生まれてから死ぬまで周囲の人とともに社会の中で暮らしている。まず両親や家族からの影響を受け、そして地域社会や学校教育から影響を受け、つまりは自分とかかわるすべての人から影響を受けている。またテレビなどのマスメディアからも大きな影響を受けるだろう。このようにして人は、社会の中の一員として暮らしていくのに必要な知識やスキルを身につけていくのである。所属する社会にふさわしい人物となるための過程を〈社会化（socialization）〉という（83頁参照）。

② 社会的学習理論： ある文化の中に所属しながら、周囲の人びとの影響を受けて、習慣、態度、価値観、行動などを習得していくことを「社会的学習」という。学習者の内的動機よりも環境の要因を重視し、学習理論によってこの説明を目指すのが〈社会的学習理論（social learning theory）〉である。ミラー（Miller, N.E.）は、条件づけの原理から、模倣が社会化に重要な役割を果たすと唱えた。モデルの行動を観察し、モデルと同一の行動に強化が与えられることで社会的学習が成立すると考えたのである。

ミラーの考えをさらに進め、バンデューラ（Bandura, A.）は、学習者が直接に反応し強化を受けなくても、観察するだけで学習が成り立つことを〈観察学習〉と呼び、理論化を行った。バンデューラは、模倣や同一化、内在化などを統合する概念として〈モデリング〉を提唱した。モデリングとは、他者（モデル）の行動を観察することにより、観察者の行動に変化が生ずることである。モデルは実際の人間である必要はなく、マンガ、アニメ、テレビなどの登場人物であっても学習が成立するとした。バンデューラは、モデリングを攻撃行動の実験によって示している（53頁参照）。

③ 自己効力感： 学習した行動をとることが物理的に可能であればいつでもその行動が起こるというわけではない。行動には、結果に対する確かさと、

自分にできるかどうかという予測がかかわってくる。バンデューラは、人がある行動をとるためには、こうすればうまくいくだろうという「結果予期」と、自分はそれを実行できるという「効力予期」の 2 つが必要だとしている。知識として解決方法を知っていても「自分がどんなに頑張ってもだめだろう」と思っていれば、自発的な行動はとりにくくなるだろう。

　ある事態に直面したときに、うまく対処できるかどうかの予測（つまり、上記の効力予期）を〈自己効力感（self-efficacy）〉という。「自分にはできる」という、自分の能力に対する信頼感と考えてもよい。行動を起こすためには、どうすれば望ましい結果が得られるのかを知っているだけでは不十分なのである。自分にそれができるといった自信があって初めて行動に移すことができる。自己効力感を持つ人は、やる気があり、高い目標に挑戦し、不安が低く、ストレスに強く、健康を維持できることが多くの研究から分かっている（142頁参照）。

2　社会的自己

(1)　自己認知

　自分あるいは「自己」という言葉は、日常生活の中で頻繁に用いられている。青年期の若者にとって、自己とは何かを知ること、もしくは知ろうと努めることは重要な課題である。自分自身について 1 人であれこれ思いをめぐらせるときの自己、親友と語っているときの自己、また大勢の中に埋もれているときの自己、それぞれの場面での自己はまったく異なった様相を呈するようでもあるが、本質的には同じようでもあり、考えれば考えるほど、自己とは蛇が自分の尻尾を飲み込むように複雑怪奇なものである。

　いうまでもなく、自己は、自身の思考・感情・欲求・行動の中心となるものである。それとともに、それをモニターし、制御し、実行しようとするオペレーションのシステムも持っている。そしてわれわれは、それぞれの個人の持つ感情や欲求とその場面ごとの状況的な制約との間で、自己の一貫性を保ちながら

非常にうまく日常生活を送っているのである。

人は自分自身をどのように認識・理解・評価しているのか、また、社会の中でうまく振る舞うために自己はどのような心理的作業を行っているのか、自己の側面は個人によってどのように違っているのかなど、社会心理学ではさまざまな自己に関連する研究が行われている。

① **自己概念**：　人の大勢いるにぎやかなパーティ会場などで、他の人の話している会話の内容は聞き取れなくても、自分の名前が呼ばれると不思議と聞き分けることができる。これは、〈カクテル・パーティ効果〉と呼ばれる現象である。この現象に見られるように、われわれは自己を他の対象とは違う特別な存在として捉えている。

犬や猫などの動物と違って人は、鏡に映った自分の姿を自己の姿として認めることができる。そして、われわれは、鏡に映った自己の姿を見るように自分自身について考えることができる。ジェームズ（William James, 1842-1910）は、自己を「主体としての自己（主我：I）」と「客体としての自己（客我：me）」の2つに分類して考えた。「主我」とは主体的な知覚者としての"知る自分"であり、「客我」とは客体的な知覚されるものとしての"知られる自分"である。つまり、あたかも鏡を見るように自分自身を見つめる自己を「主我」、鏡に映っている見つめられる側の自己の姿を「客我」と捉えることができる。ジェームズは、さらに「客我」を、身体や財産などの「物理的客我」、意識状態や傾向性などの「精神的客我」、周囲の人の自分に対する印象を認識することによる「社会的客我」の3つから構成されるとした。

われわれは、自分自身が何者であるかをある程度認識していなければ一貫性のある日常生活を送ることはできない。自分自身の性格や能力、身体的特徴などに関する全体的で比較的永続した信念のことを〈自己概念（self-concept）〉という。われわれは、この自己概念に基づいて、思考したり感じたり行動したりしているのである。

自分の性格を内向的だと思っている人もいれば、外向的だと思っている人もいる。また、男性的だと思っている人もいれば女性的だと思っている人もいる

だろう。このように、個人によって自己概念に関連する態度や信念は異なっている。

さらにわれわれは、それぞれ複数の自己概念を持っている。ある人は、自分を親切で責任感が強いが、その反面優柔不断で怠け者だと考えているかもしれない。また、ある人は自分を意志が強くまじめだが、その反面、生意気で融通が利かないと思っているかもしれない。このように自己概念は、ある個人の中でも多面性を持っているのである（110頁参照）。

② **セルフ・スキーマ：** では、われわれの自己概念はどのように成り立っているのだろうか、そしてそれは、われわれのものの見方にどのような影響を及ぼしているのだろうか。

マーカス（Markus,H., 1977）は、自己に関連した情報処理を導く自己に対する信念を〈セルフ・スキーマ（self-schema）〉と呼んだ。そして、自己とはさまざまな側面についてのセルフ・スキーマが統合されたシステムであると考えた。

たとえば、自分の体重がとても重い（もしくはとても軽い）ことを自分の特徴として重視している人は、自分の体重に関するセルフ・スキーマを持っていると考えられる。対照的に、自分の人生にとって体重がそれほど重要でないと考えている人は、体重についてのセルフ・スキーマを持っていない可能性が高い。このようなセルフ・スキーマの有無が、情報処理の速さに影響を及ぼすのである。

自己に関連する情報の処理は、自己に関連のない情報を処理する場合に比べて処理時間が短いことがいわれている。セルフ・スキーマに適合した過去の出来事は、すばやく認知、再生、再構成されるが、セルフ・スキーマと一致しない情報は拒否されることが知られている。また、他者を認知するときも、セルフ・スキーマを用いた判断がなされる。たとえば、男らしさが自分にとって重要な人は、男らしさについて全般的に感受性が高く、他者の行動に対しても男らしさに注目して判断する傾向がある（109頁参照）。

マーカスと北山（Markus,H. & Kitayama,S., 1991）は、セルフ・スキーマに文化差があることを示した（151頁参照）。欧米人は自己に対して「相互独立的自

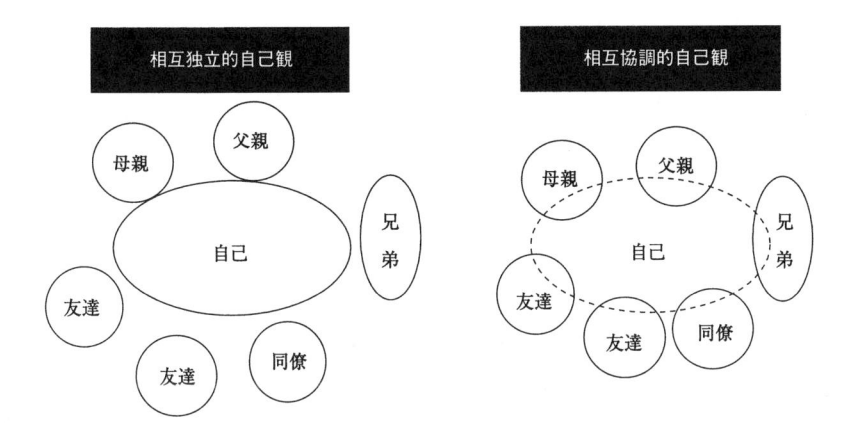

図2-3 相互独立的自己観と相互協調的自己観
(Markus & Kitayama, 1991)

己観」を持ち、一方、アジア・アフリカ・南米の人びとは、自己に対して「相互協調的自己観」を持つとされる（図2-3）。相互独立的自己観とは、自己を他者や周りのものごととは切り離された存在であると捉える自己観であり、相互協調的自己観とは、自己を周囲の他者と相互に依存しあっていると捉える自己観である。

③ **自己照合効果：** 先に述べたように、セルフ・スキーマは、認知的な情報処理に影響を及ぼしている。認知心理学者のクレイクとロックハート (Craik,F.I.M. & Lockhart,R.S., 1972) は、記憶には〈処理水準〉の影響があることを示した。処理水準とは記憶情報処理の「深さ」のレベルを指し、覚えるときに深い情報処理が行われるほど、記憶に残りやすいといわれている。文字の形など形態の処理は「浅い」水準の処理であり、意味の処理を伴うものはより「深い」水準の処理であるとされる。そして浅い処理から深い処理へと階層的に構造化されているという。具体的には、知覚した文字が大文字か小文字かといった形態的な浅い処理に比較して、「○○と同義語かどうか」などのように、その意味を考えさせるような深い処理を求めた方が、のちの記憶成績がより良いというものである。

セルフ・スキーマに関連づけて覚えた情報は、意味の処理水準での記銘よりもさらに記憶に残りやすい傾向があることがいわれている。これは「自己照合効果」と呼ばれており、身近なところで簡単に実験することができる。まず、「温かい、才能がある、静かな、柔軟な」のような形容詞を20個程度書き出してリストを作成する。そして、友人を何人かのグループに分けてこのリストを渡す。そのうちの何人かには、それらの形容詞が「自分自身にどのくらい当てはまっているか」を考えるように依頼する（自己照合）。また、別の何人かには、各形容詞の意味に関して考えるように依頼する（意味処理）。さらに別の何人かには、その形容詞が「誰でも知っているような有名人（たとえば、長嶋茂雄など）にどれくらい当てはまっているか」を考えるように依頼する（他者照合）。しばらく時間をおいて、先ほど見た形容詞の中で覚えているものを書き出すように求める。その記憶成績を見ると、自分自身に関連づけて考えた場合には、そうでない場合に比べて思い出す数が多くなっているはずである。図2-4は、カイパーとロジャース（Kuiper,N.A. & Rogers,T.B., 1979）の実験の結果である。セルフ・スキーマに関連づけて情報を統合することは、それをよりよく組織し、自分自身に関する他の情報と新しい情報を結びつける働きをする。したがって、手掛かりが増えて思い出しやすくなると考えられる。

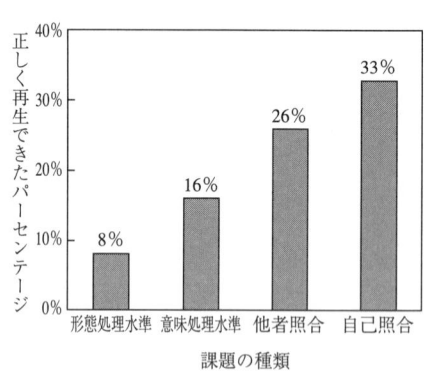

図2-4　自己照合効果
（Kuiper&Rogers,1979）

形態処理水準 8%、意味処理水準 16%、他者照合 26%、自己照合 33%

④　**自己覚知**：　日常生活の中で、自分自身を強く意識するときもあれば、自分に注意が向かなくなるようなときもある。ウィックランド（Wicklund,R., 1975）は、〈自己覚知理論（self-awareness theory）〉によって、自己に注目しやすくなる、ある特定の状況があることを示した。たとえば、自分自身について話すとき、鏡を見ているとき、人前やカメラの前に出たとき、ビデオに映った自分の

姿を見るときなどに、他者が見ている自己の姿に気がつき自己に対する注意の焦点化が起こるといわれている。

このような自分自身に注意が向いている状態は、〈自己注意焦点化（または自覚状態；self-focused attention)〉と呼ばれている。自己注意焦点化は、一般的に不快な経験であることが多いといわれる。その理由としては、自己に対する自覚状態が高まると、現実の自己と理想の自己とのギャップに気がつきやすくなるためであると説明されている。自己注目が高まった状態では、課題の遂行量が多くなったり、意見や態度が社会的に望ましい方向に変化したりすることが知られている。また、違反行為や自殺が減少することも報告されている。

⑤　**自己意識**：　自己に対する注目には、その時どきの状況による影響だけでなく、個人差があり、人によって自己に注意を向けやすい人と向けにくい人のタイプがあることが知られている。このように、その人がもともと持っているタイプのことを「特性要因」という。ちなみに、その時どきの状況によって変わる傾向を「状況要因」という。

フェニングスタインら（Feningstein,A.,Scheier M. & Buss,A., 1975)は、自分に注意を向けやすい性格特性のことを〈自己意識（self-consciousness)〉と呼んでいる。自己意識は、〈私的自己意識（private self-consciousness)〉と〈公的自己意識（public self-consciousness)〉の2つに分類される。

私的自己意識とは、他者からは直接観察されない自己の私的で内面的な側面（感情、態度など）に注意を向けやすい傾向である。公的自意識とは、他者から観察されえる自己の公的で外面的な側面（容姿、行動など）に注意を向けやすい傾向である。

フェニングスタインらはこの個人差を測定する尺度（自己意識尺度）を作成した（表2-3）。この自己意識尺度において、私的自己意識得点の高い人は、自分の内的状態について敏感で内省的であり、心の内なる声と行動との一貫性が高い。一方、公的自己意識の高い人は、自己を社会的な存在と捉えており、周囲の人からの評価や拒否などの反応に敏感で、人目を意識して社会的な望ましさを考慮して自分の行動を決定するという特徴があるといわれている。

> **表2-3　自己意識尺度の項目の例**
>
> 以下の項目は、あなたにどの程度当てはまるでしょうか。
>
> 【私的自己意識】
> ・自分自身の内面のことには、あまり関心がない(反転項目)。
> ・自分が本当は何をしたいのか考えながら行動する。
> ・しばしば、自分の心を理解しようとする。
>
> 【公的自己意識】
> ・世間体など気にならない(反転項目)。
> ・自分についてのうわさに関心がある。
> ・人の目に映る自分の姿に心を配る。
>
> ＊　まったく当てはまらない(1)〜　非常に当てはまる(7)の7件法にて評定を求める。
> ＊＊　Fenigsteinら(1965)に基づき、菅原(1984)が開発したもの。

(2) 自己評価

① **自尊感情：**　あなたは、自分の容姿や性格、能力や友人関係についてどのように評価しているだろうか。それは、満足できる評価であろうか。

自分自身を冷静に客観的に見極めることは難しい。自己概念やセルフ・スキーマといった自己認知の側面とは別に、われわれは自分自身に対して全般的な評価感情を持っている。このような自己評価の感情的な部分を〈自尊感情（または自尊心；self-esteem)〉という。これは、状況による変動の少ない比較的に安定的な特性であるといわれている。

自尊感情は多様な定義がなされており、その測定方法も各種開発されている。ローゼンバーグ（Rosenberg,M.J., 1965）の作成した尺度は、その中でも代表的なものといえる（表2-4）。

精神的に健康な生活を送るためには、自分自身を存在する意義のある人間だとする感情が必要である。一般に自尊感情の高い人は、自信にあふれ、自分の態度や能力に満足している。反対に自尊感情の低い人は、自分が生きていく価値のない人間であり、自分自身に失望していることが多い。自尊感情の低い人は高い人に比べて、自己概念が明確でなく自分自身の性格評定にも自信が持て

表2-4 自尊感情尺度の項目の例

次の特徴のおのおのについて、あなた自身にどの程度当てはまるかをお答えください。
- 自分に対して肯定的である。
- だいたいにおいて、自分に満足している。
- 自分は全くだめな人間だと思うことがある(反転項目)。

* 当てはまらない(1)〜 当てはまる(5)の5件法にて評定を求める。
** Rosenberg(1965)が作成し、山本・松井・山成(1982)が邦訳したもの。

ず、さらに評定にもやや時間がかかることが報告されている。

それでは、なぜ人間には自尊感情が必要なのだろうか。これを死への恐怖との関連から説明する理論に〈恐怖管理理論〉がある。人は生まれたからには必ず死ぬ運命にある。そして、死ぬまでは必ず生き続けなければならない。この理論では、文化的世界観（その文化に特有の世界を秩序づける説明）と自尊感情（社会的に価値のある自分であるという感覚）の2つが、われわれを死の恐怖から保護し、安定した人生に導いているとする。

② **自己不一致理論**：〈自己不一致理論（self-discrepancy theory)〉とは、自己概念における自己の姿と、なりたい自己、あるべき自己との間のずれに関する理論である。ヒギンスら（Higgins,E., Bond,R., Klein,R. & Strauman,T., 1986）は、自己を〈現実自己（actual self)〉〈当為自己（ought self)〉〈理想自己（ideal self)〉の3つに分類し、その3つの関係を用いて自尊感情について検討した。現実自己とは、実際の自己の特性を指す。当為自己とは、自分が負うべき役割や義務や責任など、あるべき自己の特性を示している。理想自己とは、なりたい自分、希望や夢など理想的な自己の特性を示している。

ヒギンスらは、実験参加者に対して、各自己の項目についてそれぞれ10個の自由記述を求め3つのリストを作成した。現実自己のリストは、いわゆる自己概念を示しているとされる。そして、当為自己と理想自己のリストは、本人の個人的な基準について示している。この基準に自分自身が至らない程度によっ

て自尊感情が低くなり、否定的な感情が湧いたり、極端な場合には感情的な疾患を引き起こすことさえあるとされる。現実自己と当為自己の間の不一致が大きくなると、罪の意識や恥を感じるようになり、それが行きすぎると不安に関連した疾患に結びつく可能性がある。また、現実自己と理想自己の間の不一致が大きくなると、失望や欲求不満や悲しみの気持ちを感じ、それが行きすぎると抑うつ状態になる可能性があるといわれている。

③ **自己高揚**：　すでに述べたように、自己注意焦点化は一般に不快な体験である。したがって、人びとは自己に注目することをできるだけ避けようとする。しかし、そのような回避がいつも可能とは限らない。自尊感情の低下を引き起こしかねない場面に直面したとき、あるいは直面することが予測されるとき、人は実にうまく自尊感情を維持している。

人には、自尊感情を維持したり高揚させる方向に事象を解釈したり、自尊感情を維持したり高揚させるのに役立つ情報を選択的に求める傾向がある。これを〈自己高揚（self-enhancement）〉動機と呼ぶ。

たとえば、原因帰属にこのような傾向が現れる。成功など自分にとって好ましい結果が得られたときは、自分に能力があるからだ、または自分が頑張ったからだと、自分の内的要因にその原因を求めようとする傾向がある。反対に、失敗してしまった場合には、運が悪かった、タイミングが悪かった、課題が難しすぎたなど、外部にその原因を求めようとする。これは、〈セルフ・サービング・バイアス（self-serving bias）〉と呼ばれるバイアスの一例である。中でもとくに帰属に関連するものを〈利己的帰属のバイアス〉と呼ぶ（121頁参照）。

他にも自己高揚的かつ利己的なバイアスとして、〈平均以上の効果（above-average effect）〉があげられる。1976年から1977年の米国の10万人の高校生を対象とした調査では、全サンプルの70％の高校生が自分のリーダーシップ能力は平均以上だと思うと答え、平均以下だと思うと答えたのはわずかに2％であった。運動能力についても、60％の者が平均以上だと思うと答え、平均以下だと思うと答えたのは6％であった。2005年のワシントン・ポスト紙による成人1033人を対象とした調査でも、94％が自分は平均以上に正直だと思うと答え、

他にも常識的 (89%)、友好的 (88%)、健康 (69%)、という結果が得られている。実際に、平均以上の能力を持つ者が過半数を占めることはそう多くないだろう。このような結果から、人は自分の能力を過大評価していることが推察できる。ただし利己的帰属のバイアスについては文化差があるという報告もある (154頁参照)。村本・山口 (1997) は、日本人の大学生を対象とした研究を行い、日本人の自己卑下的・集団奉仕傾向について報告している。

このように自己高揚は、自己や自尊感情にとって肯定的な意味を持つように現象を解釈・説明し、そのような意味を持つ情報を収集しようとする傾向を指している。したがって、自己高揚は、自己評価を低下させないために行うさまざまな心的作業の根源的な動機であるとも考えられる。

④ **自己確証過程**： 人には、すでに知っている自分自身について繰り返し確認したいという欲求がある。したがって、自己を確証するような情報を積極的に求め、また、自己概念を維持するようなフィードバックを過剰に評価する。このような自己概念を確認してくれる社会的現実を実際の社会的環境と自分自身の心の中に作り出す過程を〈自己確証過程 (self-verification process)〉という (Swann, W.B., Jr., 1983)。これは、自己の一貫性を保つためや、あらかじめ持っていた自己像を安定させるために役に立っている。よって、たとえその情報が自分にとって否定的なものであっても自己概念を確認する情報を求めることがある (110頁参照)。

自己確証は、自尊感情を高める情報を選択的に集めるという自己高揚的な動機とは、一見矛盾するように見える。しかし、そうともいえない。自己の一貫性を求める動機は認知的側面に影響し、自己高揚的な動機は感情的側面に影響していると考えることができるからである。たとえば、自分の容姿をあまり美しいとは自己認知していない女性が、ある男性に「美人ですね」といわれた場合を考えてみる。その情報は、その女性の自己を高揚させる情報だが自己確証的な情報ではないので、彼女は感情的によい気持ちになるかもしれないが、必ずしもそれを信じる必要はなく自己認知を変更するとは限らない。

⑤ **社会的比較理論**： 先に述べたように、人には自己の能力や態度をでき

るだけ正確に自己評価したいという欲求がある。評価に対して客観的な基準が見つからない場合には、自分と似たような他者の能力や態度と比較することによって評価しようとする。たとえば、自分の外見がどのくらい美しいか、自分の試験の成績がどのくらい良いのか、自分のピアノがどのくらい上手であるのか、自分がどのくらい人に親切であるのかなど、われわれは、日常的に他者と、比較を行っている。フェスティンガー（Festinger, L., 1954）は、このような比較過程を〈社会的比較理論（social-comparison theory）〉によって整理した。

社会的比較理論では、大きく分けて2種類の比較過程があるといわれている。1つは、〈上向きの社会的比較（upward social comparison）〉と呼ばれるもので、自己と自分よりも能力などが高い人とを比較することをいう。これは、自己評価を低下させる危険性も含んでいるが、上を見ることによって自分を向上・改善させようという意欲が湧くという利点がある。十分に自尊感情が高まっている場合に行われる比較であると考えられている。

一方、不幸な状態に陥ったときや自己評価に何らかの脅威を感じたときには自分よりも不幸な状態にある他者、もしくは能力の低い他者と比較を行うことがある。これは、〈下向きの社会的比較（downward social comparison）〉といわれている。たとえば、成績が悪かった学生は、単位を落とした学生に比べれば単位をとった分だけ自分の方がまだましだと考えやすい。この比較は自尊感情の低い人にとって気分を高揚させる効果があり、自己防衛的・自己高揚的な過程であると考えられている。

⑥ **自己評価維持**： 人には、自己評価や自尊感情を維持し、より高めるように考え行動する傾向がある。自己評価や自尊感情を、対人関係との関連によって説明するモデルとしてテッサー（Tesser, A., 1988）は、〈自己評価維持モデル（self-evaluation maintenance model；SEM model）〉を提唱した。

このモデルでは、他者の優れた点を見ることによって、自己評価が上がる場合もあるし下がる場合もあることに着目している。自己評価維持モデルでは、親密な他者のパフォーマンスによって自己評価が上がる場合を〈反映過程（reflection process）〉、下がる場合を〈比較過程（comparison process）〉と呼んでいる。

自己評価には、他人よりも親しい人の優秀さが大きな影響を及ぼすだろうし、自分が大切に感じている事柄とそうでもない事柄とでは、他者との比較の仕方も変わってくるだろう。自己評価維持モデルによると、自己評価の維持には対象となる人物との〈親密度 (closeness)〉と、対象となる内容への〈関与度 (relevance)〉という2つの要因が影響するという。親密度とは、自分と対象となる他者との対人的な近さを表している。兄弟や友人は、見知らぬ他者より親密度が高いといえるし、年齢の違う人より年齢の近い人に対する親密度の方が高いといえる。関与度とは、対象となる他者が成功をおさめた内容が自分にとってどのくらい重要かを表している。

自己評価維持モデルでは、身近な人の成功は、その成功をおさめた内容が自分に関係ない場合には嬉しく思い、関係ある場合には自尊感情を脅かすといっている。もし、あなたにとってスポーツが得意であることが重要で音楽の才能はそれほど重要ではないとしたら、あなたの兄弟がピアノのコンクールで優勝したとしても、それがあなたの自己評価を下げることにはつながらないだろう。むしろ、身近な人が成功したことで誇らしい気持ちになるだろう。このように親密度が高く関与度が低いときには、反映過程が働いて自尊感情が上昇する。しかし、もしあなたも同様に音楽の道に進んでいこうと考えているとしたら、兄弟が音楽で高い評価を受けると、あなたはがっかりして傷ついてしまうかもしれない。このように親密度も関与度も高い場合には、比較過程が働き自尊感情が低下してしまう。

人は、自己評価を維持する欲求に基づいて、どのような行動をとるのかを決定しているという報告がある。テッサーとスミス (Tesser, A. & Smith, J., 1980) は、友人の成功が自己の自尊感情を脅かさないときには、友人を手助けする傾向があると報告している (図2-5)。人は普通の状態であれば、一般にアカの他人よりも友人の方を助けやすい。しかし、いつもそうとは限らない。この研究では、友人または知らない人が課題に苦戦しているとき、どちらに多く手掛かりを教えてあげるのかを検討している。つまり、対象人物と自己との親密度と、課題に対する自己の関与度の両方が操作されているのである。その結果、

課題が自尊感情にとって重要でない（関与度の低い）場合には、知らない人よりも友人に多くの手掛かりを与えたが、課題が自己にとって関与度の高いものである場合には、友人よりも知らない人の方にやや多く手掛かりを与える傾向があった。このように、人には自己評価を維持するために、自尊感情を低下させる事柄をうまく避ける傾向があるのである。

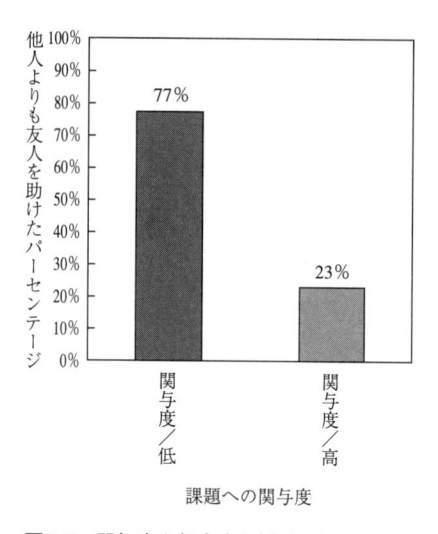

図2-5　関与度と親密度が援助に与える影響
　　　　　　　　　　　　　　(Tesser & Smith, 1980)

(3) 対人場面での自己

① ジョハリの窓：　自己と他者という二者の関係において、自分についてよく分かっていることが、相手にとっては明らかではないこともあれば、相手からはよく見える部分が自分にはまったく見えていないことがある。また、お互いに知っている自分の部分もあれば、お互いにとって未知の部分もあるだろう。〈ジョハリの窓(Johari's window)〉は、この状態をうまく表現している。これは、ジョセフ(Joseph)とハリー(Harry)という2人の考案者の名前を合体してつけられたもので、4つに分割した様子が窓のように見えるのでこのように呼ばれている。

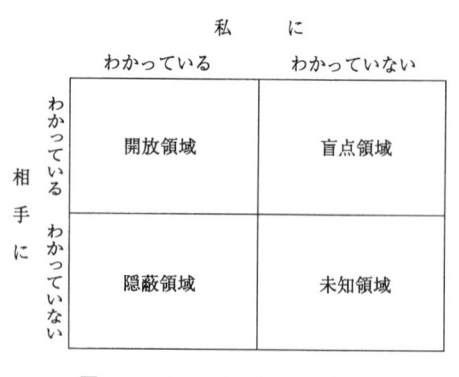

図2-6　ジョハリの窓（Johari's window）

② **自己呈示：** あなたが、就職試験の面接を受けに行く場面を想像してみよう。おそらく、あなたは自分の望む業界や会社において、好ましいとされる印象を形成するよう努力するだろう。外見では、髪をすっきりと短くしたり、プレスのかかったワイシャツに紺のスーツをきっちりと着たり、姿勢正しく、面接官の質問に自分の長所を自信満々な様子で述べるかもしれない。しかし、面接の帰り道に同級生と会ったらどうだろうか。あなたは、面接官に対するのと同じように振る舞うだろうか。

日常生活の多くの場面において、われわれは相手に抱いて欲しい自己のイメージを演出しながら、言葉や外見を選んで示している。つまり、状況に合わせて相手にどのような印象を与えるかを考慮してうまく自己の印象を操作しているのである。他者から見られる自己の印象をコントロールしようとする行為を〈自己呈示（self-presentation）〉という。

自己の一部は、他者の心の中にも存在するといえる。おそらく自己のある部分は、他者に認められないと、ありえないだろう。他者がそうだと思わなければ、あなたは優秀な学生でも、才能のある芸術家でも、やさしい恋人でもありえない。このことからも、他者への自己呈示は重要であると考えられる。

自己呈示に用いる方法は言葉だけではない。その一例として女性の摂食行動があげられる。女性は自分を女性らしく見せるために男性の前では食べる量が少なくなる傾向があると報告されている。これは、少食だとより女性的に見えるという判断から、女性的だという印象を形成したいという欲求に基づいた自己呈示であると説明できる。

ジョーンズとピットマン（Jones,E.E. & Pittman,T.S., 1982）は、他者に与える印象を積極的に操作することを〈戦略的自己呈示（strategic self-presentation）〉と呼んでいる。そしてその目的を以下の5種類に分類している。その中には否定的な自己呈示による影響力を行使しようとする戦略も含まれている。

ⓐ **取り入り（ingratiation）：** 自分の好ましい特性をアピールすることによって、他者を納得させる。他者があなたを好ましいと思ったら、あなたに報酬を与えることはあっても罰を与えないだろう。

ⓑ　威　嚇（intimidation）：　他者に恐怖を植え付けることによって、自分が相手に害を及ぼすような危険な性質を潜在的に持っており、それを使うことができるのだと他者を納得させる。他者があなたを恐れたら、あなたの邪魔をしようとは思わないだろう。

ⓒ　自己宣伝（self-promotion）：　他者に自分を尊敬させるために、自分の能力や素質を示す。他者があなたの才能を敬うなら、あなたに一目置いて大切に接するであろう。

ⓓ　示　範（exemplification）：　自分が賞賛されるべき道徳的美徳を持っている良い人間なのだと他者を納得させる。他者があなたの道徳的美徳を尊敬すれば、あなたの行動を批判したりせず、立派な人物だと見るだろう。

ⓔ　哀　願（supplication）：　他者からの助けや利益を得るために、自分が、貧しくて、依存的で、援助に値するような者だと他者を納得させる。他者があなたをかわいそうだと思えば、あなたを助けようとするだろう。

　戦略的自己呈示における状況要因の重要性を示す研究において、人は、他者を操作することによって利益を得られるときにのみ、自発的に自己呈示的に振る舞うことが報告されている。このことから、自分に評価を与える立場にある人（たとえば教師など）の前では、評価を与える立場にない人の前に比べて、より戦略的に自己呈示をするといえる。

　また、自分が他者にどのように見られているかを気にするあまり、リスキーで有害な行動に出ることもある。自己呈示に関連した健康リスクの研究では、自分を健康的に格好よく見せたいためだけに日焼けを好むタイプの人がいることを報告している。過度な日焼けは、皮膚ガンなどの病気にかかる可能性を大きくすると一般的に知られているが、このようなタイプの人は身体的魅力に注目するあまり健康を損なう危険性を無視する。他にも、過激なダイエットや摂食行動のパターン、アルコールや非合法の薬物の摂取、喫煙、ステロイドの使用、無謀な自動車の運転、美容整形などのリスク行動と自己呈示の関連が問題となっている（Leary,M., 1994）。これらのことから、他者からどのように見られたいかという自己呈示に対する関心は、健康を維持し命を守るという関心以

上に優先される場合があることが分かる。

　③　**自己開示**：　自己呈示では、相手に持って欲しい印象を形成するために戦略的に自分の情報を呈示することを述べた。しかし、われわれは他者にありのままの自分を理解して欲しいという欲求も同様に持っている。自己の内面的な情報を、特定の他者に伝達することを〈自己開示（self-disclosure）〉という。自分の胸のうちを他者にありのままに示すことは、心の健康を維持するためにも重要なことである。ジュラード（Jourard, S., 1959）は、自己開示をする人ほど精神的に不健康になりにくいことを示している。

　相手に自分の内面について打ち明けられると、自分も同じように心の内を話したいという欲求にかられることがある。このように自己開示を受けた者がそれと同程度の自己開示を相手に対して行うことを自己開示の〈返報性（reciprocity）〉という。また、自己開示は対人関係の深さとも関係があり、一般に見知らぬ他者に対するよりは、親密な関係にある人に対して自己開示を行いやすい。見知らぬ他者に対しては、浅く狭い自己開示をするのに対し、親友には深く広い自己開示をする傾向にあるといわれている。一般に女性は男性に比べて自己開示をすることが多いとされている。

　④　**セルフ・モニタリング**：　自己呈示は、われわれの生活の中で日び行われていることであるが、相手や場面に応じて振る舞いや態度を変える人もいれば、周囲の人や状況にとらわれずいつもマイペースで応対する人もいる。このような個人特性の相違について検討したのがスナイダー（Snyder, M., 1974）である。彼は、対人場面での自己の表出行動や自己呈示において、自分の姿をモニター（観察、調整、統制）することを〈セルフ・モニタリング（self-monitoring）〉と名づけ、このモニタリングの際にどのような手掛かりを用いるかに個人差があることを示した。セルフ・モニタリングの個人差は、その個人の社会的行動や人間関係に大きな影響を及ぼすと考えられる。

　セルフ・モニタリングの高いタイプは、自己の様子をモニターしながら行動を行うため、状況における自己呈示の仕方や他者が示す手掛かりに敏感で状況依存的であるといえる。高セルフ・モニタリング者は、自分がどのように振る

表2-5　セルフ・モニタリング尺度の項目の例

以下の文について、あなた自身にどの程度当てはまるかをお答えください。

- いろいろな場面でどう振舞っていいか分からないとき、他の人の行動を見てヒントにする。
- 人前ではきまりが悪くて思うように自分を出せない(反転項目)。
- 実際以上に感動しているかのように振舞うことがある。
- 自分を印象づけたり、他の人を楽しませようとして、演技することがある。
- 私は、常に見かけのままの人間というわけではない。

　*　まったく当てはまらない(1)〜　非常に当てはまる(5)の5件法にて評定を求める。
　**　Snyder(1974)が作成し、岩淵・田中・中里(1982)が邦訳したもの。

舞えばいいのかを知る手掛かりとして、状況や他者の行動に注意し、それに応じて自分の行為を修正する。一方、セルフ・モニタリングの低いタイプは、状況に関わらず内的に一貫した行動をとることを重視し、他者の行動や状況における適切さへの関心も低く自己依存的であるといえる。彼らは、状況的ニュアンスに応じて自分の行動を変えようとはしない。このように、セルフ・モニタリングとは、人の「内面的現実」と「外見的装い」の落差が生み出す個人差とされる。スナイダーはこの個人差を測定する目的で「セルフ・モニタリング尺度」を考案した（表2-5）。

　また、セルフ・モニタリングの高低に応じて対人関係のパターンが異なることがいわれている（Snyder, M., 1986）。セルフ・モニタリングの低いタイプの人は、友人関係が感情的な結びつきに基づいているといわれており、多くの時間を自分のもっとも好ましい人と過ごしたいと考える。セルフ・モニタリングの高いタイプの人は、活動の共有という観点で友人関係を捉え、活動に応じてもっとも的確な人と一緒に時間を過ごしたいと考える。たとえば、セルフ・モニタリングの低いタイプの人は、テニスのうまい下手にかかわらず、自分の一番好きな友人とテニスをしたいと思うが、セルフ・モニタリングの高いタイプの人は、知り合いの中で一番テニスのうまい友人、または、自分の能力と一番合っている友人とプレイしたいと考える。恋愛関係のパターンにも違いがあること

が報告されている。セルフ・モニタリングの高いタイプの男性は、外見的な美しさに基づいて恋人を選ぶ傾向が強く、セルフ・モニタリングの低いタイプの男性は、人格や内的な特性に応じて恋人を選ぶ傾向が強いとされる。また、セルフ・モニタリングの高い人は、セルフ・モニタリングの低い人よりも、多くの恋人やセックスパートナーを持つ傾向がある。結婚ということになると、セルフ・モニタリングの高い人は、活動や興味を共有できる人を探すが、セルフ・モニタリングの低い人は、主として一緒にいて楽しい人、満足できる人を求める傾向があるといわれている。

3 対人行動（対人相互作用）

(1) 協同と競争の効果

　何人かで集まって共同作業をするときに、仕事を終えるまでにどのくらいの時間がかかるのかを求める仕事算という算数の問題がある。たとえば、1人で行うと6時間かかる作業があるとする。これを2人で行えば3時間で終わり、3人で行えば2時間で終わると考えるのが普通である。ところが、現実場面ではそう簡単にはいかない。他者と共同作業を行うということには、1人で行うときとは異なる心理作用が働くからである。周囲に他者がいることで、私たちの作業量や遂行成績が上がったり下がったりする。それは、コピーされた資料を帳合してホチキス止めするような単純作業や、共同で研究レポートを仕上げるなどのようなクリエイティブな作業のように作業の種類によっても変化するだろう。それでは、どのようなときに他者の存在が作業の量や質を促進し、どのようなときに妨害するのだろうか。

　① **社会的促進と社会的抑制：**　他者がそばにいると、1人で行うときと比べて遂行量や成績が上昇する現象を〈社会的促進（social facilitation）〉という。親しい友人と一緒に食事をすると、1人で食べるときよりも食事量が増えるなどということがあるだろうし、また、他の人が静かに勉強している図書館にい

くと家で孤独に勉強するよりもはかどるという経験がある人もいるだろう。1人で走るかけっこよりも、数人で競争した方が良いタイムが出ることもある。単に観察者がいることによって課題遂行が促進されることを〈観察者効果（audience effect）〉といい、同じ課題を互いに独立に複数人数で行うことで個人の遂行が促進されることを〈共同効果（co-action effect）〉という場合もある。

　一方で、難しい課題あるいは未学習の課題においては、他者がいることでパフォーマンスが低下することがある。これを〈社会的抑制（social inhibition）〉という。

　ザイアンス（Zajonc,R.B., 1965）は、他者の存在によって促進されるのは、よく学習されたいわば慣れた課題の場合であり、新しい不慣れな課題の場合には遂行が抑制されると述べた。そして、それは、他者が存在することで、個人の覚醒水準が上昇するためであると考えた。また、コットレルら（Cottrell,N.B., Wack,D.L.,Sekerak,G.J. & Rittle,R.H., 1968）は、周囲の他者に自分の遂行について評価されるという懸念によって、覚醒水準が上昇し、その結果、単純な課題

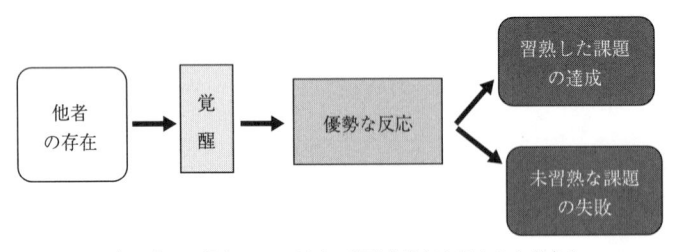

ザイアンス（1965）は、他者がいるだけで覚醒水準が上昇すると考えた

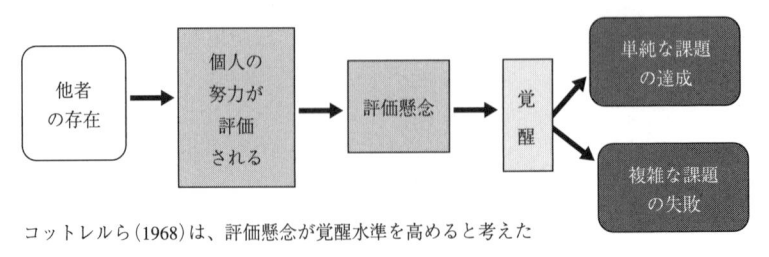

コットレルら（1968）は、評価懸念が覚醒水準を高めると考えた

図2-7　他者の存在が社会的促進と社会的抑制に与える影響プロセス

では遂行が促進され、複雑な課題では抑制されると考えた（図2-7）。

　② **社会的手抜き：**　さて、他者と一緒に何かを行うと、1人で行うときと比べて課題を達成しようとする努力が低下することがある。これを〈社会的手抜き（social loafing）〉という。とくに、個人の成果が問われないときには、1人ぐらい手を抜いてもかまわないだろうなどと、とくに意識することなく努力量を減らす現象が起こる。日常的な例でも、たとえば、掃除など大人数でやると知らず知らずのうちに各人が少しずつ手を抜き、かかった時間に比して作業があまり進まないということがあるだろう。他にも、運動会での綱引きでは十分な力が出せていなかったり、卒業式などの式典での拍手の大きさや校歌を歌うときの声量が、1人でするときよりも小さくなったりするだろう。

　この社会的手抜きの現象は、ドイツの心理学者であったリンゲルマン（Ringelman）によって最初に示された。リンゲルマンは、労働者にできるだけ強い力で綱を引くように依頼したところ、1人のとき、2人のとき、3人のとき、7人以上のときでは、1人ひとりの引く力に明らかな差が見られたのだと

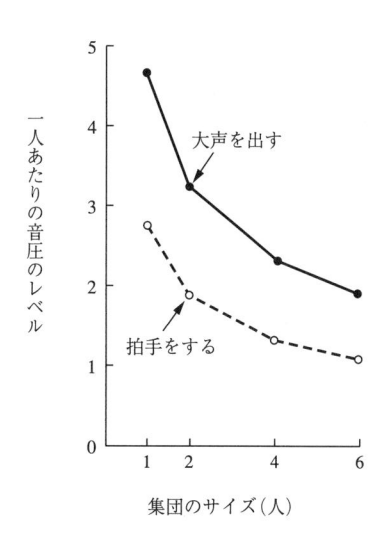

図2-8　社会的手抜き：人数が増えると一人の貢献量が少なくなる
(Latané, Williams, & Harkins, 1974)

いう。しかし、彼自身はこのことを書物に残さなかった。後にラタネら（Latané,B.,Williams,K. & Harkins,S., 1974）が、拍手や大声を出すといった手法を使ってこの現象を実験的に明らかにしている。図2-8は、集団のサイズが拍手や声の大きさに与える影響を示したものである。実験参加者の人数が増えるに従って、拍手においても大声を上げることにおいても、個人が出す音の大きさは明らかに減少している。このように、われわれには、集団になると最小限の努力で最大の効果を上げようとする怠け者の心が出てくるのである。

社会的手抜きを低減するためには、以下のような対策があげられる。ⅰ）各人の貢献度の判別：個人がどのくらい貢献したのかを区別できるようにすること、ⅱ）各人の貢献度評価：個人の貢献をきちんと評価すること、ⅲ）成員の関与：課題の結果が個人にとって重要な意味があることを示すこと、ⅳ）課題の魅力：課題の魅力を高めること、などである。

(2) 攻撃行動

攻撃行動とは、他者に危害を加えようとする意図的行動である。したがって、誤って人を傷つけた場合のような過失はこれに含まれない。他者に危害を加えることが目的であるから、頭にきて自分の持ち物を壊すことは攻撃行動ではないし、また、ボクシングなどの闘争的なスポーツをすることも当てはまらない。他者を傷つけるという意味では、身体的な暴力だけではなく、悪態をつくなど他者の心理を傷つけ精神的危害を与える暴力も攻撃行動に含まれる。似た言葉に「攻撃性」があるが、これは攻撃行動を引き起こす内的過程（認知、パーソナリティ、情動、動機づけなど）を示すものである。

さて、人はどのようなときに他者を攻撃するのだろうか。たとえば、意見の対立から感情的になって相手を殴る場合もあるだろう。自己防衛のために相手から暴力を受ける前に攻撃する場合もあるだろう。わが子を守るために、また、報復や罰を相手に与えるために、自分の利益を得るために、むしゃくしゃした気分を解消するために、などさまざまな攻撃の原因が考えられる。

① **感情的攻撃と道具的攻撃：** 人が攻撃行動を起こすときには、それに先行

する何らかの文脈、プロセスがあるのが普通である。このような介在するプロセスを踏まえてギーン（Geen,R.G., 2001）は、攻撃行動を〈感情的攻撃（affective aggression）〉と〈道具的攻撃（instrumental aggression）〉に分けて説明している。感情的攻撃とは、外部からの刺激に対する怒りの感情に基づいて他者を痛めつけてやろうとする攻撃である。このときには、中枢神経や自律神経システムの活動、つまり視床下部の活性化、筋肉組織への血流量の増大、血圧や脈拍の増大などが伴う。ついカッとなって相手を殴ってしまうなどというのが一例である。

一方、道具的攻撃とは、怒りなどの情動反応にかかわらず相手に害を与えることが重大な関心事となっている攻撃である。すなわち、攻撃が目的達成のための1つの手段となるような場合である。たとえば、強盗は相手に苦痛を与えることが目的なのではなく、相手から金品を奪うことが真の目的でありそのために攻撃するのである。これが道具的攻撃である。

感情的攻撃に基づく攻撃性は、生得的な気質である傾向が強いのに対して、道具的攻撃は、社会的学習の結果、周囲の他者の攻撃行動をモデリングすることで獲得される傾向が強いといわれている。したがって、感情的攻撃は乳児期の段階から認められるのに対し、道具的攻撃はそれより後に発現しやすいといえる。

② 子どもの攻撃行動における社会的学習： バンデューラら（Bandura,A., Ross,D. & Ross,S.A., 1961, 1963）は、社会的学習を実験によって検討した。この実験には、モデルが子どもの身長大の"ボボドール"と呼ばれるビニール製の"おきあがりこぼし"が使用されたのでボボドール実験とも呼ばれている。

3〜5歳の子どもは、それぞれ3つの実験条件と2つの統制条件からなる5つのグループに分けられた。実験条件は、大人が実際にボボドールを叩いたり蹴ったりする場面を見せる条件（実物モデル条件）、実物モデルの行動を映像で見せる条件（映像モデル条件）、実際の人ではなくマンガの黒猫が暴れる場面を見せる条件（マンガモデル条件）であった。残りの2つの統制条件では、暴力でない映像を提示する条件と映像を何も見せない条件が設定された。その

後、すべての条件の子どもをボボドールのある部屋に入れ、その行動を観察した。

　実験の結果、すべての暴力的な映像を見せた条件で、その後の子どもの行動は統制条件に比べてより多くの攻撃行動を示すものであった。つまり、子どもは映像で流された他者の攻撃行動を観察しただけで、自分自身でも攻撃的な行動をとりやすくなるのである。映像であれマンガであれ、攻撃行動の影響を受けてそれを模倣し暴力を振るいやすくなる傾向があるといえる。最近では、子どもに対して暴力的な描写を含む映画やビデオ映像を制限するようになっているが、この実験結果からも、子どもに見せる映像には十分な注意が必要であるといえるだろう（31頁参照）。

　③　**没個性化**：　人は、匿名性の高い状況に置かれると、普段は抑制されていた攻撃行動や反社会的行動を行いやすくなる。インターネットの掲示板で、他者をひどく非難したり、攻撃する書き込みが多く認められるのもその１つである。このような言語による攻撃を〈フレーミング（flaming）〉という。

　自分が他の人から１人の人間として注意を払われることがなく、また自分も他者を個々の人間として認めなくなる状態をフェスティンガーら（Festinger,

図2-9　ジンバルドの没個性化の実験の様子
　　Carole Wabe & Carol Tavris (2005), Psychology 8 th ed. p. 280
　　Publisher: Prentice Hall

L.,Pepitone,A. & Newcomb,T., 1952) は、〈没個性化 (deindividuation)〉と呼んだ。その後、同じく社会心理学者のジンバルド (Zimbardo,P.G., 1970) は、匿名性が保持されることによって、残酷な行為に至ることを実験で明らかにした。図２‒９のように顔と服装を完全に隠した女性は、名札をつけて自分の名前が他者に明らかになっている女性よりも２倍も長い時間、相手に電気ショックを与え続けたという。このように、顔も名前も分からない状況では、人は非常に攻撃的になるのである。白人至上主義を唱えるKKK (クー・クラックス・クラン) が暴力的な行為をする際に顔を隠していたことは有名である (89頁参照)。

(3) 援助行動

　他者を助け、他者に利益をもたらそうという意図に基づいた自発的な行動を〈援助行動 (helping behavior)〉という。援助行動は、社会的に望ましい行動である〈向社会的行動 (pro-social behavior)〉の１つである。

　① **援助行動に関する研究の始まり**：　1964年３月13日の午前３時20分頃、28歳の女性キティ・ジェノビーズは、仕事を終えてニューヨーク市のクイーンズ地区にある自宅アパートへ帰る途中であった。いつも通勤に使っている自動車を降りてからアパートまでは30mの距離であった。自宅までのわずかな道のりで、彼女は駐車場に潜んでいた男に腕をつかまれた。キティは叫び声を上げた。

　通りの向かいのアパートの窓にいくつか電灯が点いた。キティは助けを求めた。アパートの上層階から顔を出した男が、暴漢に「やめろ」と声をかけ制止した。暴漢はいったん立ち去ったが、また戻ってきて再度彼女を襲った。キティは大きな声を上げて助けを求めた。いくつかの部屋にまた明かりが灯り、窓を開けて外を見る者もあった。しかし、様子を見に外に出た者はいなかった。バスが通りすぎたすきに彼女はアパートへと逃げた。暴漢は彼女を執拗に追い、アパートの玄関で追い詰めた。

　３時50分になって初めて警察に通報が行き、その２分後に現場に警察官が到着した。彼女はナイフで刺され、すでに死亡していた。

　その後の警察の調べで、38人もの人が事件を知っていたことが明らかになっ

た。なぜ誰も助けに来なかったのか。彼女は3度も襲われている。せめて1回目の悲鳴のときに目撃者の誰かが警察に通報すれば、彼女は殺されなくてすんだかもしれない。この事件は全米に衝撃を与えた。新聞は、大都市に暮らす人々の無関心や他者疎外、モラルの低下を嘆く論調であった（141頁参照）。

　しかし、その論調に反対する意見を唱えた2人の社会心理学者がいた。ラタネとダーリー（Darley,J.）は、あるときは他者を助け、あるときは他者を助けないという人間の行動が、"無関心"だけでは説明しきれないと考えた。そして、援助行動の決定因を探るために多数の実験社会心理学の研究が行われるようになった。

　② 援助行動を促進する要因／抑制する要因：　それでは、人はどのようなときに他者を助け、どのようなときに助けることを躊躇するのだろう。

　援助行動を促進する要因には、いくつかの特徴がある。ⅰ）人は気分が良かったり、幸福感を感じているときに他者を援助する傾向がある（Schaller & Cialdini, 1990）。何かいいことがあったときや、好きな音楽を聞いているとき、あるいは単に天気がよくて気分がいいときなどもこれに当てはまる。ⅱ）何らかの罪の意識を感じているときにも援助を行いやすい（Baumeister,R.F., Stillwell, A.M. & Heatherton,T.F., 1994）。ⅲ）他者が援助をしているのを見ると自分も援助をしやすい（Bryan,J.H. & Test,M.A., 1967）。ⅳ）相手が援助を与えるに足る様子に見えるときに援助をしやすい。たとえば、財布を盗まれてお金のない人と単にお金を使いすぎた人とでは、財布をなくした人のほうに小銭を分け与えやすい（Latané,B. & Darley,J., 1970）。ⅴ）援助される人の外見や年齢、性別も援助行動に影響する。男性よりも女性に対して、そして若者よりも高齢者に対して援助行動を行いやすい。ⅵ）どのようにしたら助けられるのかを知っているときには援助行動をしやすい。たとえば、海での事故に居合わせた場合に、人工呼吸の仕方などの救助方法を知っていると援助行動を行いやすい。ⅶ）援助を求める人物が知っている人であるときには援助行動を取りやすい。以前からの知り合いでなくても、たとえば事故の起こる前に簡単な会話をした程度の人であっても、何の接触もなかった人に比べると援助を行いやすい

(Howard,W. & Crano,W.D., 1974)。

逆に、周囲に多くの人がいると、1人のときと比べて援助行動が抑制される傾向にある。とくに、そばにいる人が援助行動に対して無関心であると援助的介入が著しく減る。これを〈傍観者効果（bystander effect）〉という。

ダーリーとラタネ（Darly,J. & Latané,B., 1968）は、集団による実験方法を用いて援助行動の抑制について検討した。実験は、実験が行われている最中に急な発作で苦しんでいる声が聞こえるよう設定された。この声は、あらかじめ用意されたテープによるものであった。実験の結果、参加者が発作で苦しんでいる人を助けに行くかどうかは、一緒にその声を聞いた他者の数で変化することが明らかになった。

実験の結果を見ると、他にも発作を聞いたものがいる場合には、1名のときより援助する行動が減少した。さらに、他者の数は多くなるにつれて助けに行くケースが減少し、また、助けに行くまでの時間も長くかかるようになった。傍観者の数が増えるに従って、援助行動が行われにくくなっているといえる。このように他者の存在は、援助行動を抑制するのである（図2-10、141頁参照）。

傍観者効果を引き起こす要因には、ⅰ）責任の分散：周囲に他にも自分と同

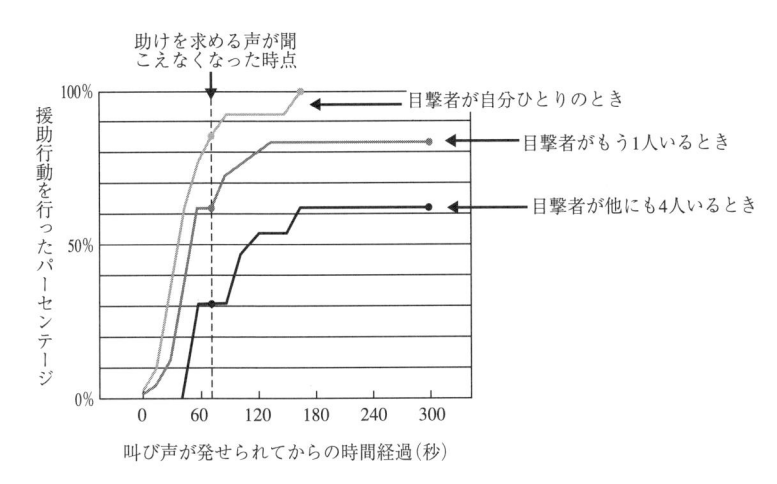

図2-10　傍観者効果：傍観者の存在が援助行動を抑制する　(Darley & Latané, 1968)

様の立場の人がいると、そこで負うべき責任が分散され、1人のときよりも責任感を感じなくなり、自分が助けなくても他の人が助けるだろうという無責任な気持ちが働くこと、ⅱ）評価懸念：緊急時でもないのに、自分が最初に過剰反応して恥ずかしい思いをするのを恐れること、ⅲ）多数の無知：周囲にいる他者が援助の手を差し伸べないのは、その事態が援助的介入を必要としない事態だと解釈すること、などがあげられる。

（鎌田晶子）

〈参考文献〉

Deci,E.L., *Intrilnsic Motivation*, Plenum Press, 1975（安藤延男・石田梅御男訳『内発的動機づけ』誠信書房、1980）

Snyder,M., *Public Appearances Private Realities The Psychology of Self-Monitoring*, Freeman and Company, 1986（斉藤　勇監訳『カメレオン人間の性格：セルフ・モニタリングの心理学』川島書店、1998）

Bandura,A., Self-Efficacy in *Changing Societies*, Cambridge University Press, 1995（本明　覚・野口嘉子監訳『激動社会の中の自己効力』金子書房、1997）

速水敏彦『自己形成の心理：自律的動機づけ』金子書房、1998

押見輝男『自分を見つめる自分－自己フォーカスの社会心理学』（セレクション社会心理学２）サイエンス社、1992

辻平治郎『自己意識と他者意識』北大路書房、1993

中村陽吉編『「自己過程」の社会心理学』東京大学出版会、1994

安藤清志『見せる自分／見せない自分－自己呈示の社会心理学』（セレクション社会心理学１）サイエンス社、1995

大渕憲一・堀毛一也編『パーソナリティと対人行動』（対人行動学研究シリーズ５）誠信書房、1996

安藤清志・押見輝男編『自己の社会心理』（対人行動学研究シリーズ６）誠信書房、1998

斎藤　勇・菅原健介編『人間関係の中の自己』（対人社会心理学重要文献集６）誠信書房、1998

Geen,R.G., *Human Aggression*（2 nd ed.), Open University Press, 2001（神田信彦・酒井久実代・杉山　成訳『なぜ攻撃してしまうのか―人間の攻撃性』ブレーン出版、2005）

第3章 社会的態度

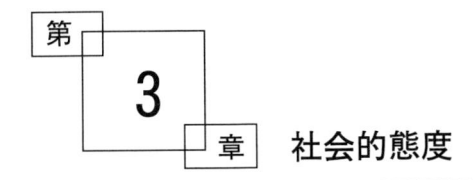

1 態度とは何か

〈態度 (attitude)〉という概念は、人の行動を理解する上で、誰もが関心を持っているものであり、日常生活でも馴染み深いものの1つであろう。それは、日常生活を通じて、人にはそれぞれ特有な考え方や行動傾向があることを認識させられており、それゆえに、人の行動を理解したり予測したりする際に、この特性を前提に考えて見ることで納得の行く場合が多いからなのである。たとえば、Aさんが有機農法に高い関心を持っていることが分かっていれば、公害問題や健康管理にも関心が高く、多分、そういったことに関する多くの情報を集めているであろうことや、多少高額でも有機野菜などの自然食材を求めることに労を惜しまないであろうことなどが容易に予測できるのである。

このように、態度は人の社会的行動の媒介役として、また行動を予測させるものとしてきわめて重要な概念であり、社会心理学の中でも重要な研究テーマの1つとして、さまざまな角度からの研究がなされている。そこで、この章では、この"態度"について考えてみることにしたい。

(1) 態度の定義

社会心理学では、態度をどう定義しているのであろうか。態度を最初に行動傾向の説明概念として提起したのはアメリカの社会学者トーマスとズナニェキ (Thomas,W.I. & Znaniecki,F.W., 1918) といわれている。その後、態度の定義とし

ては、もっとも包括的でよく知られたものとして、オールポート（Allport, G.W., 1935）の定義がある。しかし、ここでは、このオールポートの考えを引き継ぎ、より具体的に規定しているシェリフとキャントリル（Sherif,M. & Cantril,A.H., 1945）の定義を参考にまとめてみることにしたい。

それによれば、態度とは、ⅰ）まず対象が存在し（対象性）、ⅱ）その対象に対して、学習を通じて後天的に形成される反応への準備状態であり（学習性、媒体性）、ⅲ）そして、この態度に基づく反応には常に何らかの感情的あるいは評価的属性が伴い（感情・評価性）、ⅳ）持続するものであり（ある程度の持続性、安定性）、ⅴ）一般的にかなり広範囲にわたるさまざまな対象にも関係づけられる（広範性）、ものである。以上の定義から、態度は、ある対象に対して、経験を通して作り上げられた比較的永続する認知、感情、および行動の傾向であり、行動や反応そのものではないと考えられる。

具体例をあげてみよう。「農薬は危険だ」という認識を持っている人の場合、「農薬は危険だから、一切使用すべきではない」とか「農薬は危険であるが、野菜の生産量などを考慮すれば、ある程度の使用はやむを得ない」などと表明できる人は、農薬（態度の対象）に対して「農薬は危険だ」という認識・知識のみならず、さらに「状況によっては、ある程度の使用はやむを得ない」にしろ、「一切使用すべきでない」にしろ、感情や評価も加味されて、自分なりの判断ができる状態になっているのであり（感情・評価性）、この場合は、農薬に対する態度を持っているといえるのである。農薬の使用に対して不賛成の態度の人は、有機野菜を購入する傾向が強いだろうし、環境破壊に関することにも関心を持ち、そういった関係の情報を集めたり、集会や市民運動にも積極的に参加したり協力したりする傾向の強いことも予測されるのである（広範性：農薬―有機野菜―環境破壊）。それに対して、一方、「農薬は危険だ」という認識・知識はあるが、何ら具体的な自分なりの意見や行動（傾向）が伴わない人の場合は、まだ態度が形成されていない段階といえるのである。

(2) 態度の3要素および3要素間の一貫性

つぎに態度を構造の面から考えてみたい。つまり「ある対象に対して態度が形成されたとき、その対象に対してどのような心理がどのように作用しているのであろうか」ということである。前述のシェリフらの定義では、感情と評価の側面の影響性が強調されていたが、この点をより明確にしたのがローゼンバーグとホヴランド（Rosenberg,M.J. & Hovland,C.I., 1960）である。彼らは、態度を「特定の種類の対象に対して一定の仕方で反応する傾向性（predisposition）である」として、図3-1に示すように認知、感情、および行動の3要素（components）から成るとしている。

この3要素については、つぎのように理解すればよい。すなわち、ⅰ）「感情的要素」は、態度対象に結びつけられた感情。好き―嫌い、快―不快など。ⅱ）「認知的要素」は、対象に対する知識、理解、考え。良い―悪い、望ましい―望ましくない、など。ⅲ）「行動的要素」は、態度と結びつく行動への準備状態であり、実行しようとする傾向。接近したい―回避したい、所有したい―排除したい、など。そこで、一例として、親の自分の子に対する態度を取り上げ、子に対する態度の内容を見ると、一般的には、親は自分の子に対して「子どもが授かってよかった」と（認知）し、「目に入れても痛くない程かわいい」

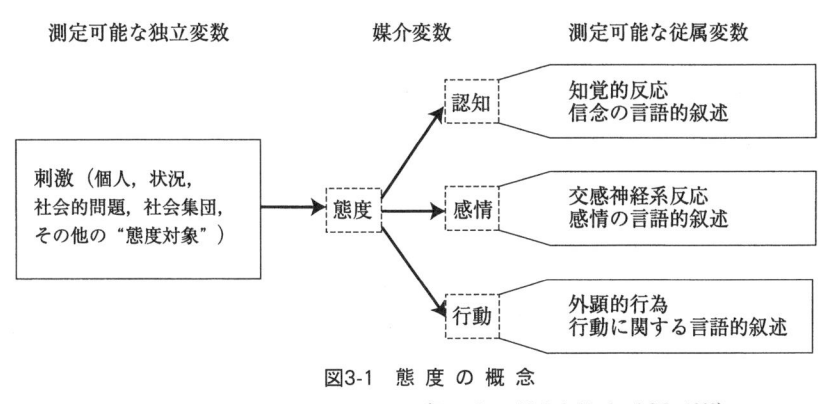

図3-1 態度の概念

（Rosenberg,M.J. & Hovland,C.I., 1960）

と感じ（感情）、「早く大きくなるように、美味しくて身体によいものを作って食べさせたい」と子どもに接することになろう（行動）。

　さらに、この3要素間の関係性を考えてみると、「よかった」と認知したものに対しては、「かわいい」などの快の感情が起こり、さらに、そういった対象に対しては「一緒にいたい」などの行動が伴うが、この例からも分かるように"感情、認知、行動傾向の3要素は、各要素が矛盾しないように相互に一貫性を保とうとする傾向"が認められるのである（83頁参照）。

(3) 態度の機能

　さて、上に見たように、われわれが、周りのさまざまなモノ（人や事物）に関わっていく過程で重要な役割を果たしている態度は、われわれが生活していく上において、どのような意味や役割を担っているのであろうか。この態度の機能については、フロイトの精神力動論を土台にしたカッツ（Katz,D., 1960）の機能論を参考にしてみたい。そこでは、以下の4機能があげられている。

　① **適応機能：** 態度には、欲求の充足を促進させる機能がある。人は快や報酬を最大化し、不快や罰や危険を最小化したいとする動機が働くが、態度はこの動機づけを満たす道具としての役割をしている。

　② **自我防衛機能：** 態度には、自分の心理的不安を処理し、自我を守る機能がある。人は、自分を心理的不安に陥らせる状況を避けようとし、また、たとえ心理的不安に陥った場合にせよ、その不安を何らかの方法で処理し、自我の安定を保とうとする欲求を持つが、態度はこの自我安定（防衛）の役割をしている。

　③ **知識機能：** 態度は、多義的な世界を理解・整理し、自分なりにまとまった意味づけをする機能がある。人は、自分のまわりの世界を不明確のままにしておくことは不安であり、自分なりに納得し意味あるものにまとめようとする欲求を持つが、態度はこの欲求を満たす役割をしている。

　④ **価値表出機能：** 態度は、アイデンティティを維持し、自己をさらに高めようとする機能がある。人は、自分の大切な価値を表現し、自分を高めよう

とする欲求を持つが、態度はこの欲求を満たすように機能する。たとえば、多少自分にとって不利な立場に立たされるような場合にしても、自分の信念を貫くことを表明することで、自己の安定を保つことができるのである。

ところで、これまでは、態度は"人とまわりの対象（刺激）とのかかわり方"を説明する概念として捉えてきたが、さらに、この4機能を考慮してみると、その根底では、各個人のアイデンティティのあり方と深くかかわっていることも理解されるのである。つまり、その対処の仕方の善し悪しは別にして、いかにその人なりにバランスのとれた生活を送るかといったことと、態度は密接なかかわりを持っているといえるのである。

2 態度に関する諸理論──さまざまな視点からの考え方──

(1) 認知的一貫性の理論

態度の3成分である認知、感情、行動間には、各成分が矛盾しないように相互に一貫性を保とうとする傾向のあることをすでに見てきたが、ある人の持つ関連する複数の態度間においても、その態度間に矛盾が生じないように一貫性を保とうとする傾向が見られるのである。それゆえに、その態度間に矛盾が生じてしまい一貫性にヒビが入ってしまうと、その不一致の状態を解消し安定した状態を回復するために、行動や態度を変化させるのである。この原理を利用した態度変容に関する理論が、〈認知的一貫性の理論（cognitive consistency theory）〉と呼ばれるものであるが、代表的なものとして、つぎの理論がある。それらは、ハイダー（Heider,F.）の〈均衡理論（balance theory）〉、オスグッドとタンネンバウム（Osgood,C.E. & Tannenbaum,P.H.）の〈適合性理論（congruity theory）〉、フェスティンガー（Festinger,L.）の〈認知的不協和理論（cognitive dissonance theory）〉、ニューカム（Newcomb,T.M.）の〈平衡理論（equilibrium theory）〉などであるが、ハイダーの均衡理論とフェスティンガーの認知的不協和理論を取り上げ、態度変化のメカニズムを考えてみたい。

① **ハイダーの均衡理論**： ハイダーの理論は、3要素間の均衡状態と不均衡状態を扱ったものである。その3要素とは、知覚者（P）、他者（O）とある対象（X）を指すが、それぞれの要素は「好き―嫌い」といった感情的な関係（センティメント関係）か、「～所有している―～所属している」といった所有・所属関係（ユニット関係）のどちらかで結ばれている。所属・所有あるいは好意的感情で結ばれていればプラスの関係であり、非所属・非所有、嫌悪的感情はマイナスの関係である。その3要素間の関係の仕方のすべてのケースが図3-2であるが、均衡状態は3要素間の関係の積の結果がプラスになる場合であり、3要素関係が安定した状態である。しかし、3要素間の関係の積がマイナス状態では、不安定となり、この状態が不均衡状態である。不均衡な状態になると、当事者は不快を感じ、その結果、3要素間のいずれかの関係を変化させることによって、均衡状態の回復を図ろうとするのである。

具体例をあげてみる。あなた（P）はある異性の友達（O）に好意を感じているとする。ところがその（O）さんがあなたが嫌いな同性の（X）さんに好意を感じていることを知ったとき、あなたはどうするだろうか。この理論から、あなたのとる行動はつぎのどれかになることが予測されるのである。

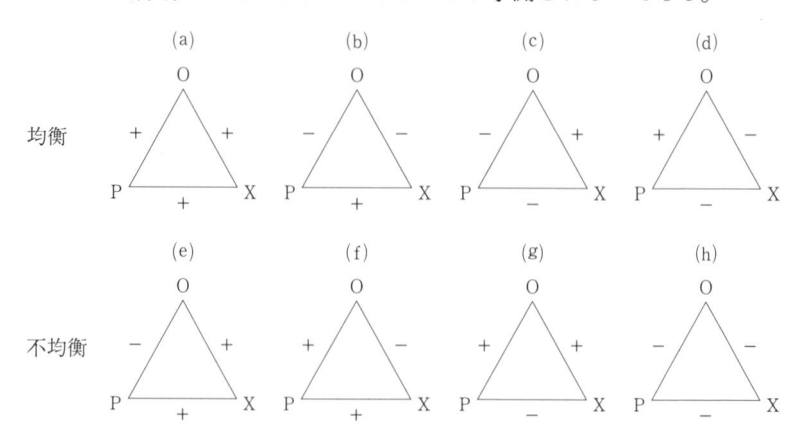

+は、その人（物）に対して、好意、尊敬、承認、所有、所属などを感じていることを表す。
−は、その人（物）に対して、嫌悪、軽べつ、不承認、非所有、非所属などを感じていることを表す。

図3-2　ハイダーの均衡理論

a） あなたはOに対してこれまで以上の好意を示すにしろ、あるいはOに「Xは好意を持つほどの相手ではない」と訴えるにしろ、なんとかOのXに対する好意の感情を弱めさせようとする行動に出る。

b） あなたのXに対する見方をこれまでよりも好意的に変化させる。

c） OのXに対する気持ち、自分のXに対する気持ちが変化しそうもなければ、自分のOへの思いを断ち切る。

あなたの選択可能性はこれ以外には考えられないのであるが、さて、あなたならどうするだろうか。

② **フェスティンガーの認知的不協和理論：** この理論は、広く認知行動一般を扱っているところにその特徴がある。人は、自分自身のことであれ、自分に関係する周りの対象や環境であれ、それらについての自分の認知間に矛盾が生じてくると、認知的に不協和な状態が生じてくる。この不協和の存在は心理的緊張や不快感をもたらすことになり、そのために人は、その不協和を低減し、協和状態を回復するように動機づけられる、というものである。そして、不協和を低減する方法としては、つぎのような処理法が用いられる。

a） 協和の関係にある認知要素を増加させ、また、その重要性を一層強調する。

b） 不協和の関係にある認知要素を減少させ、またその重要性を弱める。

では、具体例を見ながら、この理論がどのように適用されるのかを見ることにしたい。まず、「喫煙している人」の例について考えてみる。喫煙者は大なり小なり、「自分は喫煙者である」という認知と「タバコは健康によくない」という認知の間にあって、不協和な状況に置かれているといえる。その場合、喫煙習慣を断ち切れた人は、「自分はもうタバコを吸っていない」という認知を獲得したことになるので、「タバコは有害」という認知と協和関係が成立し安定を回復することになる。それに対し、まだ喫煙を続けている人は、どのようにして不協和を低減しているのであろうか。この理論に基づいて考えてみると、その場合は、「タバコは有害である」ことを否定するような情報を集めたり、「タバコの効用（気持ちをリラックスさせるなど）」を見つけたりすること

で安定を保とうとすることが予測されるのである。

　もう一例、「自分の意に沿わない行動を実行してしまった場合」について、その後、態度がどう変化するかを考えてみよう。認知不協和理論では、その行動をしたことの見返り（報酬など）が少ないほど、実行してしまった行動を支持する方向に態度を変化させる、と予測できるのである。その理由はこうである。「自分の態度に反した行動をしてしまった」という認知と「その見返りには満足している」という認知間では、一応納得が行くことなので不協和は生じ難い。しかし、「自分の意に反した行動をした」という認知と「その見返りには満足していない」という認知間は、不協和な関係となっている。そこで、この不協和を解消するためには、「実行ずみの行動を正当化すること」、つまり「自分の態度をその実行ずみの行動の方向に変化させる（自分のやったことは無駄ではなかったのだ、などと行動への認識を変えることで一応納得する）」ことで、不協和を解消するのである。

　この仮説を検証した実験（Festinger,L. & Carlsmith,J.M., 1959）の1つによれば、"単調で退屈な"仕事をさせられた上、かつその仕事の内容は"楽しかった"と嘘の報告を強要された場合、その報酬として1ドルしか支払われなかった人の方が、20ドル支払われた人よりも、実行ずみの行為（楽しかったとの嘘の報告）を正当化する傾向の強かったことが報告されている。

(2) 態度における情報処理過程から見た理論（Types of Attitude Processing）

　認知的一貫性の視点から、態度（変容）に関する理論を見てきたが、今度は、態度形成や変容の際の、認知的プロセス（情報処理過程）に焦点を当て、その面からの理論をいくつか見ることにしたい。

　態度形成や変容を、認知的プロセス（情報処理過程）から見ることによって、態度の安定性や持続性といったことが、いかにこの認知プロセス（情報処理過程）のあり方に依存しているかがよく理解できる。そこで、代表的なつぎの2つの考え方を紹介してみたい。

　① 精緻化見込みモデル（elaboration likelihood model; ELM）：　このモデルは、ペ

第 3 章 社会的態度　67

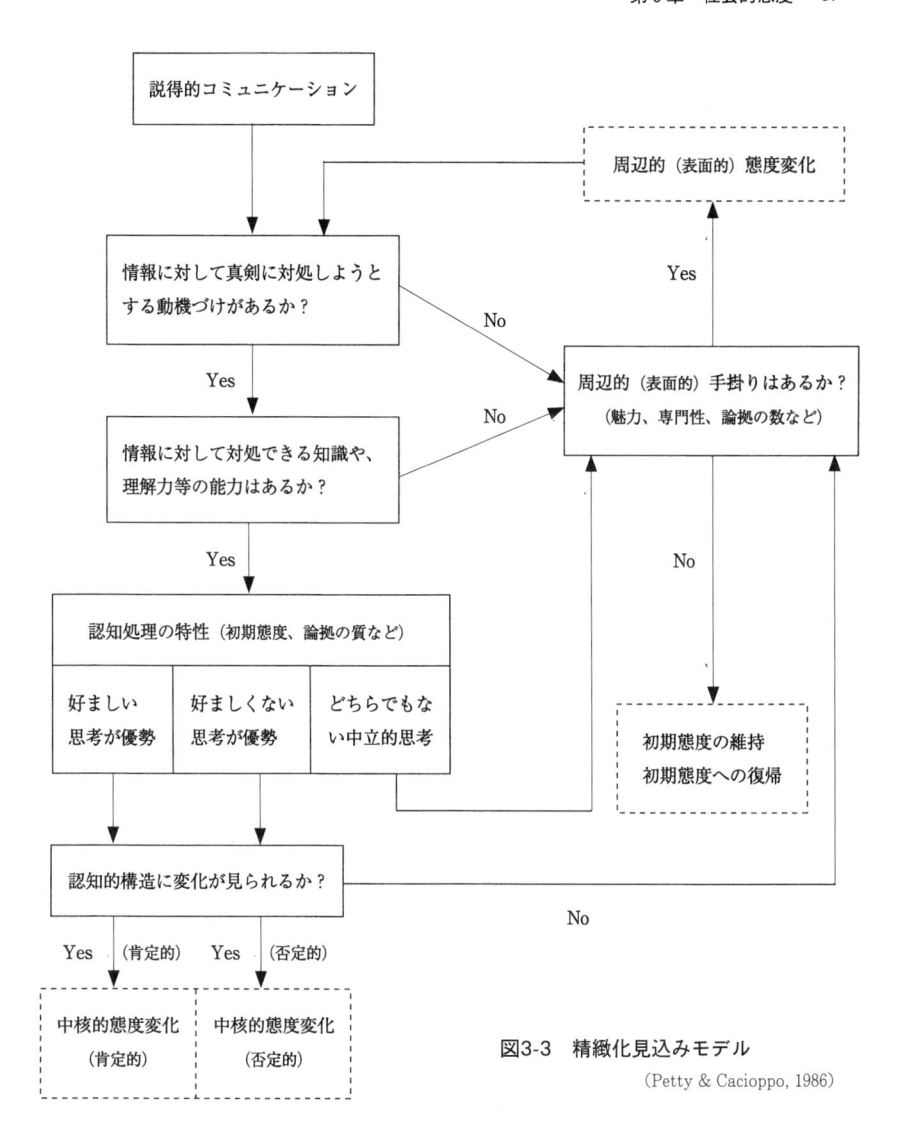

```
                  ┌─────────────────┐
                  │ 説得的コミュニ   │
                  │ ケーション       │
                  └────────┬────────┘
                           │                    ┌──────────────────────────┐
                           │              ┌─ ─ ─┤ 周辺的（表面的）態度変化 ├─ ─┐
                           ▼              │     └──────────────────────────┘   │
               ┌──────────────────────┐   │                                     │
               │ 情報に対して真剣に対処 │   │              Yes                    │
               │ しようとする動機づけが │   │               ▲                     │
               │ あるか？              │   No              │                     │
               └──────┬───────────────┴─────┐   ┌──────────┴─────────────────┐  │
                      │ Yes                  └─▶│ 周辺的（表面的）手掛りは    │  │
                      ▼                      No │ あるか？                    │  │
               ┌──────────────────────┐ ┌─────▶ │（魅力、専門性、論拠の数など）│ │
               │ 情報に対して対処できる │ │      └──────────┬─────────────────┘  │
               │ 知識や、理解力等の     │─┘                 │                     │
               │ 能力はあるか？        │                   No                    │
               └──────┬───────────────┘                    │                     │
                      │ Yes                                 ▼                     │
                      ▼                            ┌─ ─ ─ ─ ─ ─ ─ ─ ─ ─ ┐        │
   ┌─────────────────────────────────────┐         │ 初期態度の維持       │        │
   │ 認知処理の特性（初期態度、論拠の質など）│         │ 初期態度への復帰     │        │
   ├──────────┬──────────┬──────────────┤         └─ ─ ─ ─ ─ ─ ─ ─ ─ ─ ┘        │
   │ 好ましい │ 好ましく  │ どちらでもな  │                ▲                     │
   │ 思考が   │ ない思考が │ い中立的思考  │                │                     │
   │ 優勢     │ 優勢      │              │                No                     │
   └────┬─────┴────┬─────┴──────────────┘                 │                     │
        │          │                                       │                     │
        ▼          ▼                                       │                     │
   ┌─────────────────────────────┐                         │                     │
   │ 認知的構造に変化が見られるか？├─────────────────────────┘                     │
   └──┬──────────┬───────────────┘                                               │
      │Yes(肯定的)│Yes(否定的)                                                    │
      ▼          ▼                                                                │
 ┌─ ─ ─ ─ ┐ ┌─ ─ ─ ─ ┐                                                           
 │中核的態度│ │中核的態度│
 │変化     │ │変化     │
 │（肯定的）│ │（否定的）│
 └─ ─ ─ ─ ┘ └─ ─ ─ ─ ┘
```

図3-3　精緻化見込みモデル

（Petty & Cacioppo, 1986)

ティら（Petty,R.E. & Cacioppo,J.T., 1986）によって提起されたものである。この理論は、態度変化が起きる過程および変化後の態度変化の質的な差を、説得的情報の内容に対する受け手側の処理レベルによって説明するものである。つまり、態度変化は、入ってくる情報を処理する際に、その情報を吟味しようとす

る「動機づけ」のレベルと、その情報を処理する「能力」のレベルによって変化の質（内容）が異なるのである。情報に対する"動機づけ"も、さらに処理する"能力"も高い場合（精緻化された状態）は、その情報に対する吟味が十分になされた上での変化であり——この変化を〈中核的態度変化〉と呼び、この経路を〈中核ルート〉と呼ぶ——、このルートを経た上での変化は持続的で安定性があり、行動の予測にも確率性が高いものとなる。

　一方で、情報処理の動機づけが低いか、動機づけは高くても処理能力が弱い場合には、先の中核ルートを経由したときのような、本質的な処理がなされるのではなく、情報処理の手掛かりとして「周辺的（表面的）手掛かり（情報の送り手の魅力度や専門性、論拠数の多少など）」が利用された処理がなされることになる。このような〈周辺ルート〉を経て形成された態度変化は、中核ルート経由のように精緻化されたものでないために、一時的で変化しやすく、行動予測の面でも確率性は低いものとなりやすい。そして、周辺的手掛かりも経ない場合には、態度変化は生じないのである。

　② **ヒューリスティック・モデル** (heuristic systematic model; HSM)：　われわれは、日常、軽重を問わずいろいろな問題と対処せざるを得ないが、そのような問題解決場面においては、じっくりと、慎重に、段取りを踏みながら解決（処理）することも多い反面、直感や過去経験から得た知識などによった解決法も頻繁に行っている。そして、後者のような問題解決法は〈ヒューリスティック〉と呼ばれ、主要な解決法（処理法）の１つであるが、態度形成や変容にもこの方法が活用されているとするのが、この理論である（111頁参照）。つまり、態度形成や変容の際、われわれは、常に手順を踏んだ合理的な方法を採るとは限らず、直感的な、普段の経験則を活かした、手っ取り早いやり方で決定することも多い、ということである。そこで、この理論では、十分に吟味を加えながら進めるやり方、つまり体系的・計画的 (controlled) な処理法を〈システマティック処理 (systematic processing)〉、直感的なやり方を〈ヒューリスティック処理 (heuristic processing)〉とするが、先の ELM モデルとの比較で考えてみると、システマティック処理は中核ルート経由の処理（ELM）に、ヒューリスティッ

ク処理は周辺ルート経由の処理（ELM）に対応していると見ることができる。しかし、ELMモデルでは、どちらのルートを経由するかの分岐要因として、「動機づけ」と「知識・能力」を重視しており、ヒューリスティック・モデルとの比較で考えれば、その処理法は"知的判断"に比重が置かれた理論（モデル）と見ることができる。それに対し、ヒューリスティック・モデルでのヒューリスティック処理の方は、"直感的、無意識的、習慣的（automatic）"な処理法を特徴としており、その点、ELMモデルに比べ、自分の本音といった"感情的"な側面が考慮された理論と見ることができる。すでに、態度の機能（62頁参照）で見たように、適応機能や自我防衛機能など、自分の心理的安定性に態度が大きな役割を果たしていることを考えると、この面での態度形成や変容にヒューリスティック処理が大きくかかわっているといえよう。

(3) 態度と行動の関係性に視点をすえた理論

さて、対象（刺激）と行動の媒介役としての"態度"について、これまでは、態度形成や変化の際の心理的プロセス（情報処理過程）に焦点を当てて考えてみてきたが、今度は、態度と行動間の関係性の強さに照準を合わせ、態度と行動は一致し得るものなのか、あるいは、その関係性に影響を与える要因は何かについて考えてみることにする。

まず、"態度と行動の関係性"を考えてみる際に、この問題を提起した古典的な研究があるので、その紹介から始めたい。それは、米国の心理学者であるラピエール（LaPiere,R.T., 1934）の研究である。彼は、若い中国人夫婦を同伴し、米国の国内を広く旅行した。その当時、アメリカ国内では、過度ではないものの、中国人や東洋人に対する偏見（ネガティブな態度）が存在していた。そういった状況にあって、彼らが旅行中に利用したホテルやレストランは251軒に上ったが、その内で、彼らの利用を拒んだのはたったの1軒だけであった。さらに、旅行を終えた6ヶ月後に、利用したすべての施設に対し（以前利用したことは伏せた上で）、「自分の施設に中国人を受け入れるかどうか」を尋ねたところ（質問票を送付し）、その結果は、回答があった128軒のうちの118軒、

表3-1　ラピエールの調査結果

(Lapiere,R.T., 1934)

行動／態度	Yes	未決定	No
行動（実際に施設に受け入れた）	250	0	1
態度（施設に受け入れるか否か）	1	9	118

つまり92％が「No」という返事だったのである（表3-1）。

　この研究は、調査手続きの上で測定法や状況分析など、さらに検討を加える必要のあることも指摘されてはいるが、ともかく、「態度」と「行動」間には一致が見られなかったことが報告されたのである。

　態度と具体的な行動の関係性に関して、われわれはこういった研究報告を目にするとかえって戸惑ってしまうのであるが、一般的には、両者間の関係性はかなり強いだろうと思ってしまうのではないだろうか。たしかに、政治に対する態度と投票行動などでは、その関係性が高いことが知られており、事実、選挙での投票結果の予測にも利用され、かなり的確な結果を出しているのである。しかし、一方では、このラピエールの結果のように、必ずしも一致するというわけでもないのである。そこで、態度と行動との間には、どのような要因（媒体）が存在し、両者の関係のあり方に影響を与えているのか、つぎの3理論を参考に、考えてみたい。

　① **熟考行為モデル（理論）**（the theory of reasoned action; TRA）：　この理論は、フィッシュバインら（Fishbein,M. & Ajzen,I., 1980）により提起されたものであるが、この理論では、まず、行動生起への直接的な決定要因は「行動への意図（intention）」であるとする。そして、その行動への意図は、「行動に対する態度」と「主観的規範（自分の行動規範）」によって決定されるとしている。さらに、この行動への態度は、"行動によってもたらされる結果についての自分の考え"と"その（行動の）結果に対する評価"によって決まり、また主観的規範は、"その行動をすべきか否かに対する自分の判断（誰かが自分の行動を期待しているといった社会的な期待感なども含む）"と"自分の判断（行動）基準へのこだわり"により決定される、と説明している。

このように、この理論は、行動への意図の役割を強調した、大変理解しやすいモデルである。たとえば、犯罪行為の背景をこの理論で考えてみると、結局、そのような行為をしたいと思い、やってしまった行為であるが、その背景には、そうすることが自分の利益になると考えるなり、自分がそうすることを他人（自分にとって大切な人など）から期待されていると判断した結果である、と説明できるのである。

　ただし、この理論は、「意図的な行動（volitional behavior）」の背景に仮定される動機的説明を中心に考えられたものであって、その行為者の環境的要因（社会経済的背景、性格など）までは考慮されたものとはなっていない。先の犯罪行為のケースにしても、その行為者の社会経済的背景（貧困など）や性格特徴（変質的傾向など）などは考慮されてはいない。そこで、その外的要因の影響性なども考慮に入れたモデル図（図3-4）を示すので、この理論を理解する際の参考にしてもらいたい。

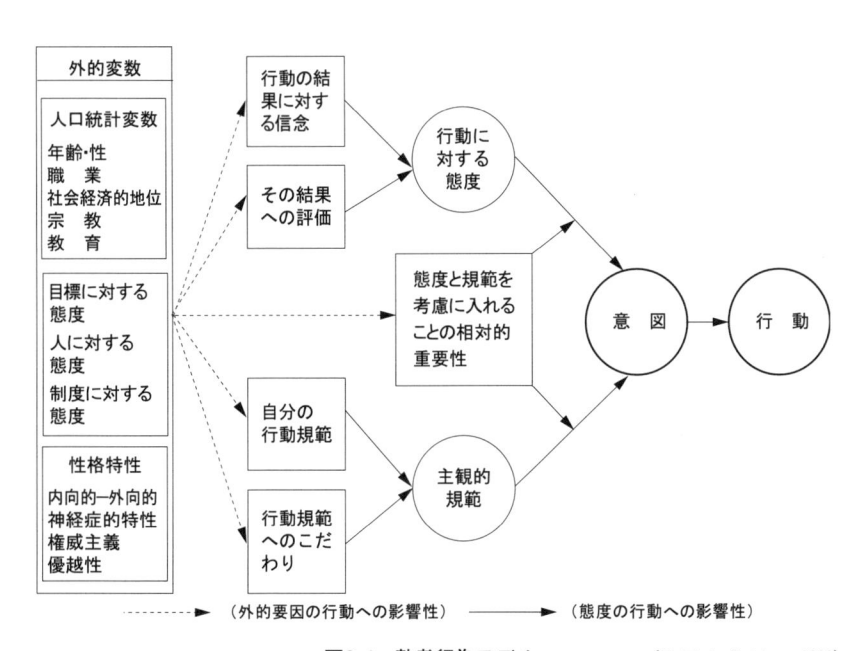

図3-4　熟考行為モデル　　　　　　　　　　（Fishbein & Ajzen, 1980）

② **計画（段階）的行動モデル**（the theory of planned behavior ;TPB）： この理論は、TRA モデルの考案者の 1 人でもあったアイゼン（Ajzen,I., 1988, 1991）が提案したものである。

たとえば"気が進まないながらも喫煙行動や麻薬の使用などを続けている"ケースについて、先の TRA モデルでは、どのように説明がなされるのだろうか。TRA モデルに沿って考えれば、"気が進まない"行動をしている背景としては、喫煙をやめようと思っていること（態度）や、まわりの人には迷惑をかけていることも十分に承知しており、自分も禁煙を実行してまわりの人びとの期待に沿いたいと思っていること（主観的規範）などが考慮されるわけであり、その結果として、禁煙するであろうことが予測されるはずである。しかし、現実はそうなっていないのである。このように、TRA モデルは、すでに見たように、明確に意図された行動予測には適したモデルといえるが、今あげたような優柔不断な行動予測には限界のあることが分かる。そこで、アイゼンはこういったケースにも対応できるように、TRA モデルに、さらに、〈主観的統制感（計画性）(perceived behavioral control)〉の要因を加味し、予測性を一層高めるように修正を加えたものが、この TPB モデルなのである。

さて、このモデルで考慮された「主観的統制力」とは、"自分の行動の結果・目標（goal）を十分に理解し、その結果（目標）に到達するのに必要な能力や状況に関する判断（見通し）が的確に立てられる力"を指すが、簡単にいえば"自分の行動実行性に対する確信、信念"ということである。

では、この主観的統制力の役割であるが、この統制力は、行動の規定要因である「意図」に影響力を与えるのみならず、「行動」に直接影響を与える場合もあるとしている。まず、i）「行動への意図」に影響を与える場合であるが、これは、"自分の目標を達するための見込みが十分にあると自信が持てる"場合には、目標に向けての行動を開始しようとする動機を高めるように作用する。つぎに、ii）「行動」に直接影響を与える場合であるが、統制要因としては、"統制力"を主観的なレベルの統制力のみならず、さらに、現実的な統制条件（事故、天候異変、病気などの外的制約状況）も考慮する、としている。この

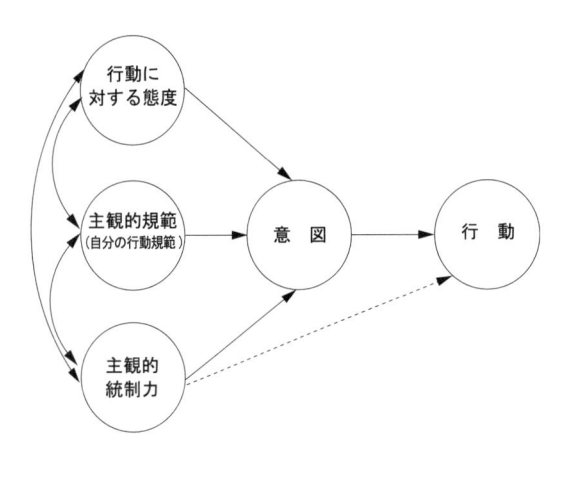

図3-5　計画（段階）的行動モデル
(Ajzen, 1991)

ような制約条件下では、いくら確実な予定（主観的統制感）が立てられた状況にしろ、この想定外のことであり、このような場合は、直接に行動に影響を与えるのである。たとえば、授業を受けようと駅まで行ったが、交通手段が止まっていて、結果的に授業を休んでしまった、といった場面を想像すればよいだろう。

最後に、先の優柔不断な行為（気の進まぬ喫煙行動など）のケースを、このTPBモデルで説明してみよう。いくら喫煙行動にマイナスの態度を持ち、かつ禁煙すべきだ（主観的規範）と思っていても、禁煙（目標）することの認識や、その目的を達成する際に必要な具体的段取りなどが立てられない状態、つまり主観的統制力が欠けた状態では、だらだらと喫煙を続けてしまう、と説明できるのである。

③　態度のアクセシビリティ理論 (Attitude Accessibility, Fazio & Williams, 1986)：態度と行動の関連性（行動生起への態度の影響性）について、これまでは、「行動への意図」や「主観的統制力」の影響性について見てきたが、今度は、態度をその「強度 (strength)」の視点から捉えた、フェイジオら (Fazio, R.H. et al.) による研究を見ることにしたい。

フェイジオらは、態度と行動との間の関係性（一貫性）は、態度の「強度」によって決定されるとした。この理論は、連合学習を態度形成の基盤として考えられており、態度の強度を、"対象とその対象への（正負の）評価の結びつき（連合）"として捉えている。強い態度が形成されるか否かは、学習が基盤にあることを考慮すれば、"繰り返し"の経験や"直接"に体験することが重

要とされる。ところで、このようにして形成された態度（対象─評価の連合）は記憶内に保存されることになるが、強度が強い態度ほど、記憶内から呼び起こされやすく、他の対象と結びついてその影響を及ぼしやすいものとなる。この結びつきやすさ（アクセスのしやすさ）を〈アクセシビリティ（accessibility）〉と呼ぶが、結局、態度の強度が強まれば強まるほど、アクセシビリティも高まり、他の対象への影響性も大きくなるということになる。それゆえに、このアクセシビリティの高い態度が、この態度と一致（関係）した行動の表出に大きな影響力を持っていると考えられるのである。

　この理論に関する検証は、プライミング手法を用いた実験（107頁参照）を通してなされているが、その１つであるフェイジオらの実験を参考にすることで、理論を理解する一助としてもらいたい。この実験の手順は、２段階に分けて実施。<u>第１段階</u>：いくつかの対象（人物、集団など）を表す単語を呈示し、各単語に対する評価を２件法（よい─わるい）で答えさせる（反応時間も測定）。この結果を基に、各単語に対し被験者がポジティブな態度を持っているか、ネガティブな態度を持っているか、さらに、反応時間の遅速も加味し、単語（対象）を４分類し、この４種類の単語を刺激として選択する。<u>第２段階</u>：選択した単語を先行刺激（プライム）として呈示し、その直後に形容詞（ターゲット）

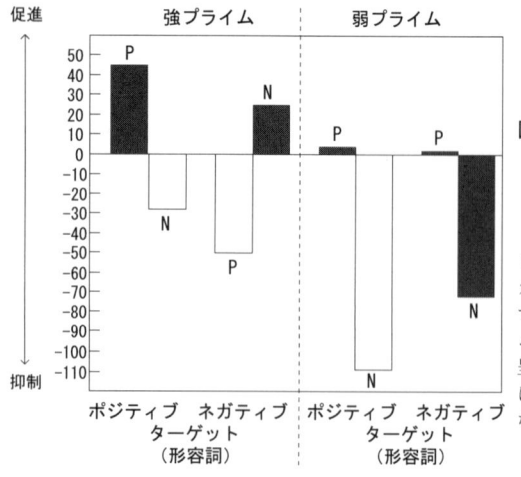

図3-6　態度対象と正負の評価の連合強度がプライミング効果に及ぼす影響

(R.H.Fazio, et al., 1986)

Ｐはポジティブな態度対象を、Ｎはネガティブな態度対象を示す。第１段階で回答時間が短かった対象が強プライム、長かった対象が弱プライムである。呈示時間幅は300ミリ秒である。数値は基準反応時間との差で、値がプラスなら促進、マイナスなら抑制を表す。

を呈示して、それが望ましい意味のものかどうかを2件法（よい―わるい）で、可能な限り迅速に返答させた。その結果が図3-6であるが、この結果からも、先行呈示対象（単語）と後続呈示対象（形容詞）においてそれぞれの評価が一致している方が、一致していない場合に比べ、後続呈示対象（形容詞）に対する反応時間のスピードが速くなっていること（プライミング現象）や、さらに、この効果も、アクセシビリティが高い（第1段階での回答時間が短かった）態度対象を先行刺激として呈示した場合に、その効果はより高められていたことから、よく理解できる（117頁参照）。

3　態度の変容──説得による態度変化──

　われわれの日常は、他者との交渉やマスメディアなどからの情報に絶えずさらされる環境にあり、他人からの情報に影響を受けてこれまでの考えを変えたり、他人に自分の考えを認めさせたりしているが、人の態度を変化させる目的でなされるコミュニケーション活動を〈説得（persuasion）〉という。そこで、説得のプロセスや説得効果を高める要因は何であるかについて考えてみることにしたい。
　ホヴランド（Hovland,C.I.）らは、態度変容の背景にある心理過程を考える際、「注意」「理解」「受容」を仮定し、送られてきた情報の内容に"注意"を払い、その内容を"理解"し、同意できると判断すれば、その結果、その新しい情報を"受容"し、態度に変化が生じると説明している。さらに、この態度変化の過程に影響を与え、より効果的に態度変化を生じさせる要因としては、「情報の送り手」「情報自体」「チャネル（媒体様式）」「受け手」「状況」などがあげられているが、それぞれの要因について概観してみることにしたい。
　① **送り手の要因**：　送り手側での重要な要因は、「信憑性」ということである。つまり、受け手側に送り手側がどれだけ信用されているかであるが、その信憑性の内容は"専門性（その情報に関して専門性があると認められる程度）"と、"信頼性（受け手から見た、送り手の情報提供の際の誠実さの程度）"から

なるとされる。ところで、当然ながら、同一内容の情報でも、高い信憑性の送り手が提示した場合の方が、低い送り手の場合に比べ、説得効果の高いことは事実である。ところが、その信憑性の高さの効果も情報提供直後ではその効果が顕著であるものの、時間の経過とともにその効果は弱まり、他方、低い信憑性の人からの情報は、提示直後と比べ時間の経過に伴って説得効果が高まることが、ホヴランドらによって確認されている（図3-7）。この時間経過に伴う説得効果の向上現象は〈スリーパー効果（仮眠効果）sleeper effect〉と呼ばれるが、この現象の理由説明はつぎのようにされている。ケルマンら（Kelman, H. C. & Hovland, C. I., 1953）による〈手掛かり分離仮説〉によれば、この現象は、送られた情報について、説得内容に関する記憶と送り手についての記憶が分離することに起因するという。つまり、分離の結果、説得内容と送り手との結びつきが弱まり、そのために、説得直後は、送り手の低信憑性ということが引き起こす〈説得効果抑制作用（割引手掛かり）discounting cue〉のために、内容面での説得効果が割引かれていたものが、時間の経過とともに、送り手についての記憶が薄れ、その結果、割引手掛かりの効果は弱まり、これまで割引かれていた分の説得力が回復されるために、説得力は高まってくる、というものである。

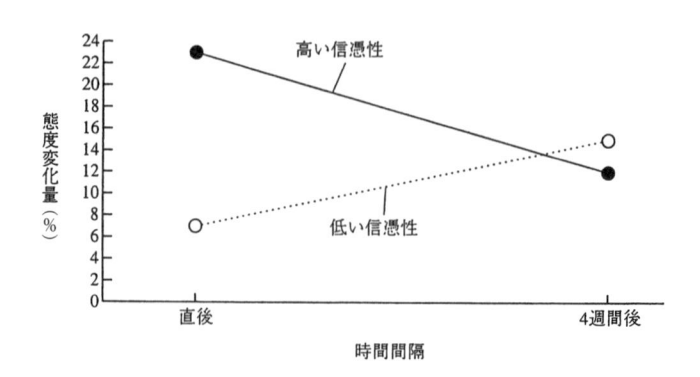

図3-7　信憑性の高低と時間経過による態度変化量の推移
（C.I.Hovland & W.Weiss, 1951）

ところで、このスリーパー効果を引き起こす要因は、送り手の低信憑性のみならず、送り手の「説得意図（説得意図については下記の説明を参照のこと）」の有無も影響性があるとされている。

また、スリーパー効果は必ずしも生ずるというわけではない。この現象が生じるためには、説得効果を弱める条件（手掛かり）、つまり、送り手の低信憑性や説得意図などの割引手掛かりが呈示され、かつその後においては、その手掛かりが説得内容と分離され弱められることによって、説得内容自体の効果が高められる必要があるが、このような条件が整わない限りは、生じないのである。

こうして見ると、人の説得において、より説得内容自体に注目してもらうためには、よく考え抜かれた内容と真摯な説得態度が大切なことが理解されよう。かりに、こちらの説得が、被説得者に割引手掛かりを感じて受け取られた場合にも、たしかに最初はその効果が弱められるにしろ、その後のスリーパー効果を引き出すきっかけにもなるわけであり、考慮すべきことであろう。

つぎに、説得意図の有無も説得効果に影響を与えるとされる。説得しようとする相手の意図が見え見えの場合には、われわれは素直にその話に乗れないことは経験ずみのことであろう。つまり、説得しようとする意図を感じると、受け手側には防衛的構えができてしまい、素直に耳を傾けられないので効果が弱まるのである。このような、人の持つ反発心は、本来自分の行動は自由でありたいという心理に根ざしており、自由が侵されると感じると、逆に自由回復への機運が引き起こされるのである。このような、自由回復を目指す心理状態は〈心理的リアクタンス（psychological reactance）〉と呼ばれる。

先に、ホヴランドらによる、説得過程を参考にした際、「注意」「理解」「受容」のプロセスを経るということであったが、"送り手の要因（信憑性や魅力度など）に影響され易いか否か"は、このプロセスで考えれば、「どこに注意が向き、どの程度の理解の上に、どのように受容した結果がそうなりやすいのか」ということになる。つまり、態度形成や変容の際の情報処理過程がどのようになされる場合に、送り手の要因に影響を受けやすいかということになるが、

すでに見た態度における情報処理過程に関する理論に当てはめて考えれば、ELMモデルでの〈周辺ルート〉、HSMモデルにおける〈ヒューリスティック処理〉経由の場合にそうなりやすいことが理解できよう。

② **情報自体の要因**： 情報自体の要因では、"情報内容の構成"や"論拠のレベル"、さらに"恐怖アピール"に関する問題が取り上げられている。まず、情報内容の構成に関しては、一面提示と両面提示の効果があげられる。一面提示（唱道内容を支持する議論のみ）と両面提示（一面提示の議論のみならず、反対の議論も提示）の効果について検討を加えた結果によれば、受け手と送り手の意見が対立関係にある場合には両面提示の方が、両者の意見が一致している場合には一面提示の方に効果があるとされている。つぎに、論拠の強弱と説得効果では、当然しっかりした論拠のある方が説得効果は高いわけであるが、ただし、この効果が認められるのは、受け手の理解度が高い場合に限られていた。この結果は、説得効果というものが、単に情報自体の要因という外的条件のみで規定されるものでなく、受け手側の条件、つまり、受け取り方（注意や理解度）との関係で考えなければならないことが示唆されるが、この点においても、先の情報処理過程に関する理論（ELMやHSM）に当てはめてみれば、どんなに立派な論拠を受けても、それを受けようとする動機づけや内容に対する理解度が弱い場合には、情報の効果は弱まってしまうのである。ウッドら（Wood,W. et al., 1985）の"説得効果における論拠の強弱と知的水準の関係"の

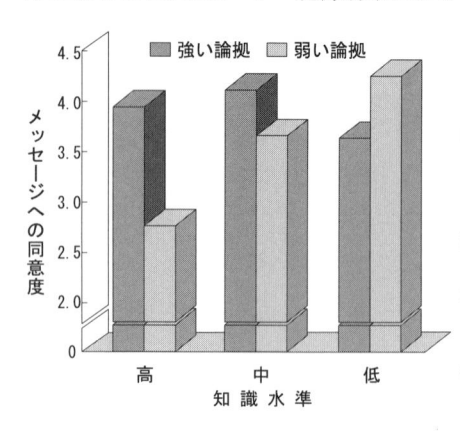

図3-8 論拠の強弱と知識水準が説得に及ぼす効果

(Wood et al., 1985)

数値は環境保護に非好意的な意見文を読んだ後の態度測定値である。数値が高いほど意見に同意していることを表す。知識水準は、環境問題に関する被験者の知識量に基づいて設定されている。論拠の強弱による差は知識が多いほど顕著になっている。

実験結果（図3-8）を参考にしてもらいたい。

　さて、日頃、人に対し良くない行為を止めさせようと説得するような場合、情緒に働きかける方法、つまり恐怖心を煽ったり（脅かし）、お涙頂戴式の訴えをすることがよくあるが、一体その効果はどうなのだろうか。この面での研究としては、恐怖の効果に関する実験が盛んであるが、一般的結論としては、恐怖の程度が強いほどその効果も大きいことを示す研究成果の方が多い。バーコヴィッツら（Berkowitz,L. et al., 1960）の安全運転に関する研究結果などはこれを支持するものの1つである。その一方で、ジャニスら（Janis,I.L. & Feshbach,S., 1953）の"歯の衛生"の話題を用いた実験結果や、"喫煙と肺癌の関係"を扱った実験結果（Janis,I.L. & Terwilliger,R., 1962）のように、逆の効果、つまり恐怖が強すぎると、心理的混乱や反発を招き逆効果になるという報告もある。

　以上、見るように、恐怖の効果に関しては、なかなか一貫した結果は得られていないが、この問題も、このような恐怖情報をどのように処理しているのか、情報処理過程の面からの実験に注目したくなるのであるが、この面での研究の1つと見られる、グライチャーら（Gleicher, F. & Petty,R.E., 1992）の"恐怖喚起と論拠の強弱が説得効果に及ぼす影響"に関する研究（図3-9）を参考にしながら考えてみたい。この実験は、防犯対策の必要性を訴える情報に対し、恐怖感の程度と情報の論拠の強弱が、どのように対策の必要性を納得させる上に作用しているのかについて検討を加えたものであるが、その結果では、恐怖が強い場合には、「説得に従えばその恐怖を免れる」と断言（有効性の情報）されてしまうと、情報の論拠の強弱には影響を受けず、説得されてしまうことが示されている。ところで、有効性の情報が与えられない場合には、情報の論拠の強弱が強く影響しているわけであるから、この結果から、恐怖説得に対して、恐怖感が強い場合、説得的情報に対しての処理の仕方は十分に吟味した上での判断ではなく、ともかく結果だけ（安全の確保など）といった表面的な手掛かりだけに依存した判断であることが分かる。こうしてみると、この場合も、ELMモデルでの〈周辺ルート〉、HSMモデルにおける〈ヒューリスティック

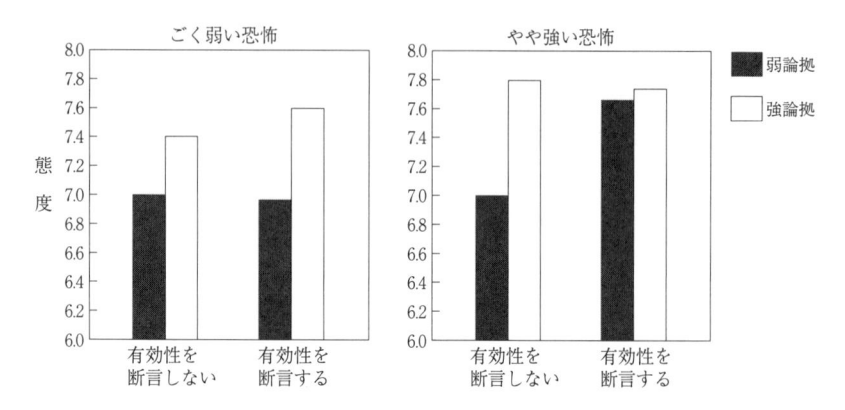

図3-9 恐怖喚起と論拠の強弱が説得効果に及ぼす影響

(Gleiccher & Petty, 1992)

キャンパス内で犯罪が多発しているので防犯対策(深夜バス停にパトロールをおく)をとる必要性を訴えるメッセージを被験者に聞かせる。恐怖喚起の水準は犯罪の深刻さによって操作されている。恐怖が強い場合、対策の有効性を断言すると、被験者は述べられている論拠の強弱に関係なく説得されている。

処理)経由で処理されていることが理解できよう。

③ **チャネルの要因**: どのようなメディア(伝達手段)が説得に有効かということであるが、最近の研究では、情報媒体の様式と説得効果の関係を扱ったものが多い。それによると、情報の内容が平易で、かつ感情やイメージに訴える場合には、視聴覚媒体(ビデオ・録画など)が有効であり、他方、内容が複雑で、十分に吟味しなければ理解できないような場合には、活字媒体(文章)が有効とされている。

④ **受け手の要因**: 受け手の要因としては、知能、自尊心、自我関与、感情(不安傾向)などとの関係を検討した多くの研究があるが、最近では、認知過程(態度の情報処理過程)からの研究が盛んになっている。まず「自我関与(ego involvement)」との関係であるが、話題への自我関与度が高いほど説得され難いことがシェリフら(1947)によって報告されている。また、ペティらは、話題への自我関与が高いときは、論拠の強弱が説得効果に大きく影響するのに対し、関与が低い場合は、送り手の信憑性の程度に影響されることを明らかに

しているが、彼らが提起したELMモデルに当てはめて考えれば、高い関与の場合は〈中核ルート〉を経由し、関与が低い場合は〈周辺ルート〉をたどる経緯を念頭に置けばよく理解されよう（図3-3参照）。

つぎに「感情状態」では、まず不安度との関係を見ると、自己不全感や不安感が強い人ほど被説得性が高いことや、気分の調子では、気分がよい状態時の方が、悪い状態時に比べ、説得されやすいといわれている。

⑤ 状況の要因： 説得は、どんな状況下でなされたものかによっても、その効果は影響を受ける。ここでは、"予告（forewarning）の効果"と"注意散漫（distraction）下での効果"について、考えてみることにする。まず、予告の効果であるが、ある説得の前に、それについての予告をしておく場合と、しておかない場合ではその効果はどう違うか、というものである。マクガイアら（McGuire, W.J. & Papageorgis, D., 1962）の研究によれば、予告は説得効果を弱める、としている。たしかに、意に染まないことを頼まれるといった場面を想定してみたとき、たとえば、気乗りがしない委員会の委員を引き受けさせられるような場合、突然依頼された場合は、とっさに断る理由も思いつかず、引き受けてしまうこともあるだろうが、前もって依頼を予告されていれば、十分に、断りの理由も考えた上で、待つであろう。このように、一般的には、事前予告は受け手に反論を準備する機会を与えることになり、説得への抵抗を増すと考えられている。

つぎに、注意散漫下での効果であるが、その効果は弱められることが知られている。ELMモデルに照らしてみても、注意散漫な状況では、〈周辺ルート〉を経由することになり、不十分な吟味のまま判断することになるので、表面的なものや気分的なものに影響されやすく、その効果は弱いとされる。このような場合は、いかに強力な論拠を備えたメッセージとて効果は弱いものになってしまうだろう。

4 ステレオタイプと偏見

われわれは、さまざまな人びとと直接・間接的に関係し合いながら日々の生活を営んでいる。その人間関係を通しての社会生活上での重要な問題の1つに、偏見的な態度の問題がある。男性と女性、健常者と身体障がい（最近は平仮名で書くことが多い）者、職業、民族、宗教など、列挙すればきりがない。そこで、今度は、区別する心理（態度）、つまり「ステレオタイプ（stereotype）」「偏見（prejudice）」「差別（discrimination）」に関する問題について考えてみることにしたい。

(1) ステレオタイプ・偏見・差別とは

われわれは日頃、職業、学歴あるいは国籍などを手掛かりにするだけで、その人や集団を評価し、信頼をよせたり差別をしたり、あるいは逆にそのような目にあったりしていることを痛感させられることがあるのではないだろうか。このような背景には、"医者は裕福だ""日本人は勤勉だ"などと集団にレッテルを貼ることで、その集団に含まれるさまざまに異なる個々人をも、そのレッテルで判断してしまう心理のあることが分かる。そしてさらには、そのレッテルでの判断に基づく不当な扱いやいじめなどとしての、差別行動にまで発展することにもなるのである。学校でのいじめ、セクシャルハラスメント、人種差別や民族間紛争などの大きな社会問題も、この人間心理に起因するものといえよう。

そこで、このような心理の説明概念として使用される、ステレオタイプ・偏見・差別のそれぞれの意味（定義）とその違いについて整理しておきたい。

① **ステレオタイプ**： 特定の文化によってすでに類型化され、社会的に共有された固定的な観念ないしはイメージをいうのである（108頁参照）。この観念の特徴としては以下の4点があげられる。ⅰ）部分的な情報だけで形成され、過度に単純化、一般化されやすいこと、ⅱ）不確かな情報や知識に基づき形成

されるために、誇張され、歪められたものとなりやすいこと、ⅲ）現実の変化（新しい情報や証拠あるいは経験など）に対し、容易に影響を受け難いこと、ⅳ）好悪、善悪、優劣などの感情を伴いやすいこと、があげられる。

　ところで、人が、ステレオタイプ的な認識をしやすいことや既存のステレオタイプに固執する理由としては、人間が環境に適応していく際に使用される、効率的な認知システムの原理である〈認知的経済性（cognitive economy）〉が一役買っていることがあげられる。つまり、人は、この情報過多で多様な現実の世界に対処していくために、できるだけ少ない認知的負担で、できるだけ多い情報処理の成果を上げるという効率的な認知システムを持っているが、そのシステム原理に準じた結果と見ることができるのである。その意味では、内容的にはバイアス（偏向）が著しいものであっても、すべての個人に共通に認められる合理的な認知過程（カテゴリー化、類別化）と見ることも可能なのである。

　② 偏　見：　ステレオタイプが、ある集団やそのメンバーの属性に関する信念であり、その信念に対しては、肯定的にせよ否定的にせよ、その両面からの評価が可能であるのに対し、偏見は、ある集団やそのメンバーを否定的にのみ評価する心理、すなわち、特定の集団に対する"否定的な態度"なのである。そこで、偏見を態度の3要素で表現してみると、認知的要素（特定集団に対する認知）、感情的要素（その集団に対する嫌悪や敵意）、行動的要素（その集団に対する拒否や攻撃的な傾向性）ということになる（61頁参照）。

　③ 差　別：　偏見を否定的な態度と捉えることを見てきたが、偏見の行動的側面をとくに"差別"として独立させる場合がある。つまり、偏見（態度）に基づく「嫌悪感や敵意に満ちた行動の側面」を差別とするのである。

(2) 偏見の形成

　偏見の形成に関しては、さまざまな理論が提案されているが、主要なものをいくつか取り上げて紹介してみたい。

　① 社会的学習理論からのアプローチ：　ⓐ　社会化の過程：　つまり、自分の生まれた社会の中で教育を受け発達を遂げていく過程での、家庭、学校、仲

間集団やマスコミなどからの影響や、あるいは自分自身で、集団間の違いを直接観察することを通して獲得されていく、とするものである（31頁参照）。

ⓑ 社会的役割（期待）への同調： それぞれの社会には、その集団の成員に期待される役割や暗黙のルールがあるが、それらに合うように同調（conformity）行動していることを観察することで獲得される場合である。事例としては、ネクタイ着用がその職場の雰囲気である場合、ネクタイを使用していないというだけで白眼視されるケースや、また職場での男性と女性の役割分担が異なることを観察することで、「女性とは……だ」といったステレオタイプや偏見が獲得されるケースなどを見ればよいだろう。

② **心理学的アプローチ：** ⓐ 身代わり（scapegoat）： 人には、自分の欲求が阻止された状態、すなわち欲求不満事態（frustration）に陥ると、その原因となった対象に対して攻撃行動を仕掛ける傾向がある。しかし、その対象が強大な場合や、特定できないような場合には、鉾先が、ふだん自分が嫌っている人や弱小集団などに向けられ（転置）、彼らが偏見や攻撃の対象とされるというものである。一例として、関東大震災時における韓国人に対する襲撃行動などをあげることができる。

ⓑ 権威主義的性格： 偏見は、人のパーソナリティ特性とも関係があるとする考えである。権威主義的性格（自分の信念に頑固、権威への尊敬および権威への服従、懲罰的、懐疑的などを特徴とする）の人は、自分の弱さや性的衝動を認めにくく、その抑圧されたはけ口を弱者に対して求めやすいこと（投射）に起因する、とするものである。

③ **認知的アプローチ：** 人の情報処理過程における〈認知的経済性〉に関してはすでに触れたが、この認知過程に焦点を当てた理論である。ここでは、ターナーら（Turner,J.C. & Tajfel,H., 1986）の〈社会的アイデンティティ理論（social identity theory）〉を参考に、認知的アプローチの一端を紹介することにしたい。

人は、アイデンティティ（自己）確立への強い動機を持つが、その動機は、自分が所属する集団の他者との比較を通して、どのように自己規定がなされる

かが、強い関心事となる。その結果、自己規定に関与する集団（内集団）とそうでない集団（外集団）の区別が生じ、その結果、内集団に対してはより高く、外集団に対してはより低い位置づけをするような認識の違いが生じるようになってくる。このような認識過程が、集団間の偏見や差別を生じさせるというものである。

(3) 偏見の解消

さて、これまで見てきたように、偏見を持つ原因は、われわれ人間がいかに生きていくか、いかに現在の状況に対処していくかといった、各人各様の生きざまと密接に関係していることであり、偏見をなくしてしまうことは容易なことでないことが理解される。しかし、そのような偏見も、態度であることを考慮すれば、逆方向への変容（減少、解消）も期待できないわけでもないであろう。そこで、最後に、偏見解消への有効な方策（理論）をいくつか紹介することにしたい。

① 接触仮説： 「接する機会が多ければ好意度も増す」とする仮説に基づいた考え方である（108頁、122頁参照）。偏見やステレオタイプは、その対象に対する理解が十分でない場合が多いわけであるから、接触を通して、お互いの類似性や共通性を認識（理解）することで、これまで持っていた否定的な態度が改善されるとするものである。日本で開催されたパラリンピック（国際身体障がい者スポーツ大会）を競技場で、あるいはテレビなどを通して観戦した人は多いと思われるが、そういった経験を通して、これまでの身障者に対するイメージが大きく変化した人も多いのではないだろうか。

さらに、効果的な接触に向けての条件としては、ⅰ）不平等な立場ではなく、同等レベルの人との接触、ⅱ）ステレオタイプに該当しない人との接触、ⅲ）個人的に深く知り合える関係、ⅳ）共通の目標に向けて協力し合える関係、ⅴ）平等な関係を良しとする社会規範の制定（人種差別学校の廃止に関する法律の制定など）、があげられている。

② 集団接触によるカテゴリー化の変化： この考え方は、すでに述べた社会

的アイデンティティ理論を根拠にしたものである。つまり、内集団と外集団のカテゴリー化（類別化）の際の区別（差別）の判断基準を変化させることにより、改善を目指そうとするものである。そこで、このケースとしてはつぎの2つが考えられる。

ⓐ　非カテゴリー化：　内集団・外集団、それぞれの集団からの個人と個人間に密接な関係ができ、相手に対する理解が深まるようになると、これまでのような表面的・一面的な評価（カテゴリー基準）は意味をなさなくなり（非カテゴリー化）、その結果として、これまでの偏った見方は改善されるとする。

ⓑ　再カテゴリー化：　対立している2集団が、何らかの協力態勢を取らざるを得なくなり、その共通目標（上位カテゴリー）の達成に向けて協力するうちに、次第にこれまで両集団を隔てていたカテゴリー基準が弱まることで、偏見も改善に向かう、といったケースが考えられている。

（土屋明夫）

〈引用文献〉

Fraser,C. & Burchell,B., *Introducing Social Psychology*, Polity Press, 2001, pp.235-249
Eagly,A.H. & Chaiken,S., *The Psychology of Attitudes*, Harcourt Brace College Publishers, 1993, pp.172-198
Fiske,S.T. & Taylor,S.E., *Social Cognition* (Second Edition), McGraw-Hill, 1991, pp.257-260, pp.475-479
池上知子・遠藤由美共著『グラフィック　社会心理学』サイエンス社、1998、65-74頁（図3-8、図3-11、図3-19）

〈参考文献〉

池上知子・遠藤由美共著『グラフィック　社会心理学』サイエンス社、1998
村井健祐・土屋明夫・田之内厚三編著『社会心理学へのアプローチ』北樹出版、2000
明田芳久・岡本浩一・奥田秀宇・外山みどり・山口　勧共著『ベーシック現代心理学　社会心理学』有斐閣、1994
村田光二・山田一成編著『社会心理学研究の技法　シリーズ・心理学の技法』福村出版、2000
岡　隆・佐藤達哉・池上知子編『現代のエスプリ─偏見とステレオタイプの心理学』至文堂、1999
榊　博文『説得と影響─交渉のための社会心理学─』ブレーン出版、2002

第4章　小集団行動

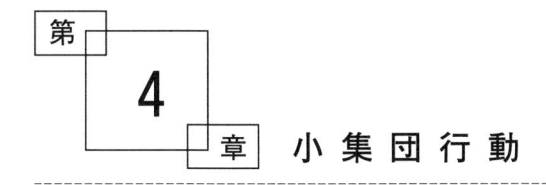

われわれは、一生をさまざまな集団の中で過ごし、そこで多くの人と出会い、いろいろな事柄を学習する。いいかえれば、われわれは、集団の中で生活していくことで初めて、社会に適応した人格を育てていくことができるのである。

そこで、この章では、集団がどのような仕組みで形づくられていくのか、その働きは何か、また、集団は個人にどのような影響を及ぼすのか、といったことを検討してみる。

1 集団の構造と機能

(1) 集団の意味と類型

① **集団の意味：**　集団を大別すれば、組織集団と未組織集団に分けることができるが、心理学では、集団とは前者を意味し、後者は単なる人びとの「集合体」あるいは「群衆」と考える。たとえば、車内に乗り合わせた乗客や火事場の野次馬などは集団ではなく、単なる人の集合体、群衆である。したがって、集団にはつぎのような特質が備わっている必要がある。ⅰ)共通の目標を持ち、ⅱ)持続的な相互交渉があり、ⅲ)成員間に一定の地位と役割の分化が見られ、ⅳ)共通の規範が成員の行動を統制し、ⅴ)これらの結果、成員間に一体感（われわれ感情；we-feeling）が成立している。

② **公式集団－非公式集団：**　公式集団（formal group）とは、公の組織や規則など制度的関係に依存して目的的に編成されるものである。非公式集団

(informal group) は、クラブやサークルなど、個人の自由な感情や欲求によって自発的に形成され、各人が人間的関係によって結びついている集団である。

③ **所属集団−準拠集団**： ある個人が他の成員から、その集団の一員であると認められているとき、その個人にとって、その集団は所属集団（membership group）である。これに対して、準拠集団（reference group）は、実際にその集団に所属していなくても、自分の態度や行動がそこから影響を受ける集団のことで、いわば個人が心理的に自分を関係づけている集団である。たとえば、ある球団が自分にとって準拠集団である場合、その球団に愛着心を持ち、共に活動することに喜びを感じる。また、球団の規範に同調し、他の成員の態度や行動を自己の判断基準として内部に取り入れるようになる。つまり、準拠集団は、ある個人にとって心理的満足と安定を与え、集団への帰属を促すと共に、判断や行動の準拠枠を提供する働きを持っている。ケリー（kelly, H.H.）は、前者の機能を〈規範的機能（normative function）〉、後者を〈比較的機能（comparative function）〉と呼んでいる。

(2) 集団の形成

人はどのようなことがきっかけで集団に所属するのだろうか。

① **対人的魅力**： ある特定の人に何らかの魅力を感じることで、集団に参加する。この魅力の源泉には、ⅰ）「ハンサムである」といった身体的要因、ⅱ）「家が近い」といった物理的・環境的要因、ⅲ）「性格や考え方が似ている」といった類似性の要因、などがある。また、まったく反対の性格や態度を持った者同士が結びつく相補性の要因も見られる（123頁参照）。

② **集団の目標や活動に対する魅力**： その集団の目標や活動が価値あるもので、しかも、それに所属することで自分の欲求が満足される場合である。

③ **手段としての魅力**： 集団を利用することで、名声や威信を得ようとしたり、自分の立場を有利にしようと考えたりする場合である。

④ **所属すること自体への魅力**： 集団に所属すること自体で自分の欲求が満足されることである。これには、ⅰ）自分の能力を他の成員のそれと比較して

みたい、ii）疎外感や不安から逃れたい、といった理由が考えられる。

(3) 集団の構造

① **役割と地位の分化**：　集団が形成されると、成員間に相互作用が見られるようになり、やがて各人の能力や特性に応じて、各成員に一定の役割（role）とそれに対応する位置（position）とが与えられるようになる。たとえば、ある成員は、いつも意見の調整を図り、適切な指示によって集団の進むべき方向を示す役割を演じ、他の成員もそれを期待するようになれば、彼にはリーダーとしての位置が与えられる。また、いつも世話好きで、社交性のある人には幹事役という位置が与えられる。つまり、位置とは、個人がその集団の中で占める一定の場所であり、それが成員によって価値的に序列づけられ、認知されたものが地位（status）である。役割は、その与えられた地位の中で、それをなすことが他者から期待され、何らかの程度で固定化されている行動様式である。役割と地位の分化、それに対応する一定の相互作用のパターンが集団内部である程度安定性を獲得した時点でもって、「集団が構造化された」という。

　一般に、人は、ある役割を演じていると、その役割演技に含まれる価値観や態度が内面化するということがある。第2章の55頁でも述べられているように、ジンバルドの模擬監獄実験では、普通の市民に2週間の予定で囚人と看守の役割を演じさせたところ、役割による人格変容が急速に進んだため、倫理的見地から途中で実験を中止せざるをえなくなったのである。この実験の模様は、オリバー・ヒルツェヴィゲル監督の『ES（エス）』というドイツ映画で再現されているので、関心のある人はビデオ、DVD共にレンタルがあるので、鑑賞してみるとよい。

② **集団構造へのアプローチ**：　集団の内部構造は相互作用のパターンやコミュニケーションの型などで表現されるので、これらを調べることで、その特徴を明らかにすることができる。

　ⓐ **ソシオメトリー構造**：　ソシオメトリーはモレノによって考案されたもので、図4-1のように、ある基準によって成員相互の選択－拒否の関係を図

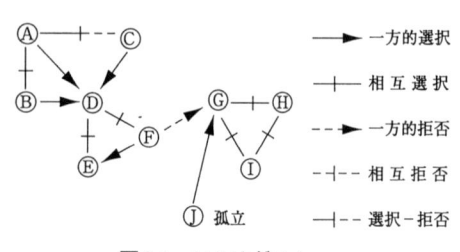

図4-1 ソシオグラム

凡例：
→ 一方的選択
―+― 相互選択
--→ 一方的拒否
―+―+― 相互拒否
―+―-― 選択－拒否
J 孤立

といったことが分かり、その結合関係を改善することで、集団の運営を効果的に行うことができる（21頁参照）。

　ⓑ　コミュニケーション回路の構造：　ある会合を例にとってみよう。参加者がその会合に参加してよかったと思うのは、その会合の内容によるところが大きい。しかし、もう1つの重要な要因として、参加者をどういう形で席に座らせるかという着席の問題がある。とくに、参加者の発言順序や内容に注目してみると、その違いは、座っている席の位置に関係していることが多い。着席の配列は特殊な相互関係の型を作るのを促進するのである。さらに、テーブルの形も影響する。長方形のテーブルは座の上下を作くりやすい。黒板や窓の前の席、出入り口から奥まった席、長方形のテーブルの短い辺や長い辺の中央部

構造＼特徴	円　型	直　線　型	車　輪　型
問題解決の速さ	遅い	速い	もっとも速い
問題解決の正確さ	不正確	正確	もっとも正確
満足度, ラモール	高い	低い	もっとも低い
組織化の速さと安定度	組織ができにくくできても不安定	組織化が遅いができると安定	すぐ安定した組織ができる
リーダーの出現	なかなか決まらない	決まりやすい	速く決まる

図4-2　課題解決におけるコミュニケーション回路の構造

（H.J.Leavitt, 1951に基づいて作成）

あたりの席が上座になりやすい。これに比べ、円卓は参加者全員が対等にやりとりをする場合に適している。

リービット（Leavitt,H.J.）は、人びとが集まったとき、どういう配置をとったらどういうコミュニケーションの型ができ、それがその集団に与えられた課題をどう解決するか、それに対する各人の満足度はどうか、といった点を図4-2のような模擬的なコミュニケーション回路によって検討し、物理的環境の配置、配列の違いがそこで行われる個人や集団の行動にどう影響するかを明らかにした。

(4) 集団の機能

集団には2つの主要な機能がある。1つは、集団をまとまりのあるものとして維持し、発展させていこうとする集団維持機能（M機能；maintenance）である。もう1つは、集団の持っている目標や課題を遂行し、実現していくための集団目標達成機能（P機能；performance）である。そして、前者における下位機能が凝集力（cohesiveness）であり、後者のそれがモラール（morale）である。

① 凝集力： 集団が目標を達成するには、成員を外から縛りつける統制力も必要であるが、この力は単に成員を表面的にとどめておくだけであり、集団の機能を効率よく遂行させるものではない。集団がまとまって目標達成へ積極的に動いていくには、成員自身が集団に魅力を感じ、自ら進んで集団にとどまろうとする内からの力が必要である。これが凝集力である。

凝集力を高めるには、ⅰ)集団内の地位が上昇する可能性が各人に広く認知されている、ⅱ)成員間に協同関係が成立している、ⅲ)集団が小さく、コミュニケーションが十分である、ⅳ)成員間に態度の類似性がある、ⅴ)外部から攻撃を受けたり、素晴らしい経験をする、などの条件が必要である。

② モラール： この言葉が注目されるようになったのは、メイヨー（Mayo, G.E.）を中心としたホーソン研究によって、職場におけるインフォーマルな人間関係の重要性が指摘されてからである。彼は、集団のP機能を高め、生産性をあげるには、まず職場での親密で安定した人間関係が必要であり、それが

作業意欲や満足度に強く影響することを明らかにした。

このことから、モラールとは、一般に、個人の勤労意欲・職務満足・一体感などを基本として形成される〈集団の雰囲気〉と考えられている。いいかえれば、目標達成に強く結集し、協力していく度合いのことである。

集団によっては、いままで高かったモラールが急に低下するということがある。そうした変化を生み出す要因は何であろうか（101〜105頁参照）。

ⓐ　集団目標の魅力：　集団自体がしっかりとした未来像を確立し、何らかの高い目標を掲げて、その達成に向けて活動していることが大切である。

ⓑ　目標への距離：　高い目標があっても、それがあまりにも理想的すぎると、達成意欲が湧かない。「まずは初戦突破」というように、途中にいくつかの中間目標を設定すると、より強い意欲を引き出しやすい。

ⓒ　集団運営への参加：　運営の中心が一部の者だけで占拠され、他の成員は指示や命令で動くだけでは、やる気が起こらない。自分も集団の運営に何らかの形で参加しているという実感を持たせることが必要である。

ⓓ　目標への展望：　自分が現在やっていることが集団の最終目標とどのようにつながるのか、という展望が常に分かるようになっていなければならない。「黙っておれについてこい」式の活動では、モラールは高まらない。

ⓔ　結果のフィードバック：　リーダーは、成員に対して目標到達度、集団活動の成果、個人の活動結果をたえず知らせることが必要である。

ⓕ　適切な報酬配分：　活動が一区切りしたとき、その成果をいろいろな形で成員に配分することが重要である。物質的な報酬ではなく、ねぎらいや賞賛によっても活動への満足感、集団への一体感を強化させることができる。

2 集団の影響

(1) 集団の圧力

　それぞれの集団にはいろいろなきまりやおきてがあり、成員はそういったものから有形、無形の圧力や強制を強いられている。学校や会社あるいはクラブに所属する人びとの考え方や行動が驚くほどよく似ているのは、「朱に交われば赤くなる」ということわざのように、各成員が集団からさまざまな圧力を受け、斉一的な行動をとらされるからである。

　① 規範の形成：　シェリフは、3人の被験者を暗室内に入れ、自動運動現象を利用し、光点の移動距離を相互に大声で報告させた。すると、はじめは各人バラバラであった値がしだいに平均化し、最後には固有の範囲内に収束していくという現象が見られた（図4-3）。このことは、集団が未経験で不安定な状況に置かれると、成員は自分の判断のよりどころがなくなり、不安となるため、集団全体の基準や他者のそれに近づこうとし、その結果、集団としての1つの基準が形成されてくることを示している。この場合、判断の基準となるものを〈準拠枠（frame of reference）〉と呼び、この枠組みが成員によって共有されて初めて規範（norm）が成立する。つまり、規範とは、社会や集団の成員に

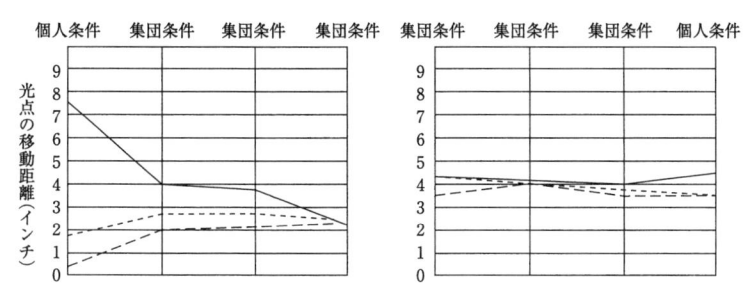

図4-3　3人集団での判断値の変動

(M. Sherif, 1935)

支持され、それを守るように、成員としてとるべき態度や行動が期待される標準的な行動様式である。しかも、現実に成員の行動を規定しているのは、法や制度、規則といった明文化された公式的な規範ではなく、慣習や道徳、儀礼作法など、暗黙のうちに了解されている非公式の規範であることが多い。たとえば、講義の1時間目は午前9時からと規則にあっても、実際は学生と教師が9時10分前後を最適の開始時刻と心得て実行している場合もある。

　シェリフは、実験終了後、被験者にその体験報告をさせている。すると、多くの者は、同室でお互いが耳にした判断値の影響をまったく認めようとしなかったという。他の被験者の判断値の影響を認めた場合でも、単に自分の判断と相手の判断の相違を知って、自分の考えを多少修正した程度であると報告している。つまり、相手の判断値は参考とするが、それによって自分の判断値が大幅に変化するようなことはなかったというのである。ところが、実験結果は、図4－3のように、集団条件の場合、各被験者の判断値は比較的早い時期に集団の固有値に収束している。これは、明らかに各被験者は互いの判断の影響をかなり受けて、自分の値を変化させているということになる。しかも、このように変化させた判断値は、その後の個人条件下でも後生大事に保持されている。この事実は、結局、被験者が集団条件の際に変化させた値が、その場限りのものではなく、正真の変化であったことを意味している。つまり、これは、当事者たちが自覚しないうちに、集団の成員は相互に影響を受け合い、いつの間にか、その成果としての判断の枠組みを作り上げている。そして、それがその後の成員の〈アンカー（繫留点；anchor）〉となって力を発揮する。他人の判断値を聞くということは、個人の内部のアンカーの位置を調整し、安定化させる作用を持っているということである。シェリフは、こうした場面を〈最小社会的圧力場面（minimum social pressure situation）〉と呼んでいる。

　② **情報的影響と規範的影響：**　人はなぜ同調するのであろうか。ドイッチュとジェラード（Deutsch, M. & Gerard, H.B.）は、集団が成員に与える圧力を、情報的影響（informational influence）と規範的影響（normative influence）の2種に区別している。前者は、自分の判断や行動が正しいかどうかを直接事物に当たっ

て確かめる（物理的実在性による検証）ことができない場合、妥当な判断のよりどころを他の人びとの意見や行動に求めようとする（社会的実在性；social reality）ことから生じる。それに対して、後者は、判断に確信が持てない場合、あるいは多数の人が一致して同じ行動をしており、与えられた情報を否定することが困難な状況で、まわりの人々がその判断を選ぶように見えざる圧力をかけてくるように感じたりすることから生まれてくる（128頁参照）。

(2) 同調行動

アッシュは、誰が見ても正解がどれであるかが分かる線分課題を用いて、故意に誤った解答をするよう事前に指示されたサクラ7人の中に本当の被験者1人を加え8人集団で線分判断を行わせた。その結果、表4-1に見られるように、普通ならほとんど解答を誤らない課題で誤解答率が36.8％にもなったのである。12試行中一度も同調しなかった被験者はわずか26％にすぎなかった。このように、われわれは簡単な客観的事実についてさえも、集団全体が誤りをおかしている場合、多数者の判断に抵抗して自分の意見を貫き通すことは難しいのである。この場合、サクラに同調した人びとは、自分自身の知覚に疑いを持ち、多数者の判断に従っていれば間違いないだろうと思ったか、あるいは自分の知覚、判断は正しく、多数者の方が間違っているが、他人と違った存在に見られるのがいやなために、多数者に従ったものと考えられる。ふつうなら隣の人に話しかけ、あるいは席を立って線分のそばまで行って長さを確認するところであろうが、ここでは、被験者は順番に従って否応なしに答えを要求され、その暇も許しも与え

表4-1 実験群と統制群の誤りの分布

圧力試行での誤り数	実験群 (n=50) 人数	統制群 (n=37) 人数
0	13	35
1	4	1
2	5	1
3	6	
4	3	
5	4	
6	1	
7	2	
8	5	
9	3	
10	3	
11	1	
12		
合　計	50	37
平　均	3.84	0.08

(S.E.Asch, 1951)

られない。この事情がこの実験では大きな圧力となっている。彼らは、多数者の一致した判断に抵抗力を失う。彼らは、自分1人が多数者の人びとからのけ者にされるのが恐ろしいのである。こうしたことから、アッシュは、同調行動について2つの概念を考えた。便宜的同意（conventional agreement）と構造的同意（structural agreement）である。前者は、同意した方が都合がよかったり、報酬が得られたり、危険から逃れられることができる、ということから生まれる。後者は、同じような客観的材料が与えられて、われわれがそれを認知する場合、よほどのことがない限り、その認知構造の類似性のゆえをもって同意することができる。このような同意が構造上の同意である。フェスティンガー流にいえば、社会的事象を人びとが判断するとき、判断の妥当性は、もっぱら、どのくらい多くの人が自分と同じように考えているかにかかっている、ということである（社会的妥当性）。

① **同調行動の心理的過程：** シェリフの実験場面では、被験者は自動運動現象のからくりを知らず、判断の目安になるものがまったく見当たらない。つまり、実験場面全体が無構造である。ふだん、われわれが何らかの判断を行う場合、周囲にその手掛かりとなるものが存在するが、彼の実験場面では、刺激が極端にあいまいで、判断作業が非常に難しい。こうした場合は情報的影響が行使され、構造的同意が生じる。判断の目安がまったく皆無なため、自分自身の知覚に疑いを持ち、多数者の判断に従っていれば間違いないだろう、ということで同調が起こるのである。一方、あいまいさをまったく持たないアッシュの実験場面では、規範的影響が行使され、便宜的同意が生じる。つまり、不本意ではあるが、都合上、自分の信念、意見を曲げて同調するのである。

両者は、同じように採用した意見や判断でありながら、心理学的意味合いはかなり異なっている。情報的影響による同調は、被験者がその情報的価値の高さゆえに変容するということから〈私的受容（private acceptance）〉であり、心理的抵抗も少ない。一方、規範的影響が行使され、それに同調したときは、表面的には集団に合わせているように見えるが、実際は他者や集団の期待あるいは要請ゆえに、やむをえず同調するので〈追従（compliance）〉と呼ばれ、

内面的には大きな抵抗を感じることになる。しかも、私的受容は、正真正銘の変容であるので、成員であることをやめた後も長く続く。追従は、集団が彼に対する拘束を解いた瞬間に終了する。

② **同調行動の本質：** 同調行動とは、各人が行動様式に一致性を持ち、社会の秩序や規範に従っていく行動であるが、その行動が採用される時点で、取捨選択の可能性と心理的葛藤の2つの前提条件が必要である。たとえば、信号待ち行動は、法律によって定められた行動様式で、人はどうしても信号待ちをしなければならないし、ふだんはそうすることに心理的抵抗を覚えることもないはずである。また、電車に乗るのに行列をしている人びとも、並ぶのをやめて個性的に振る舞おうとすれば、社会的秩序から逸脱した行為として制裁が加えられる。このように、従来より定められており、他にとるべき方法がない行動を制度的行動あるいは慣習的行動と呼ぶ。一方、同調行動は、いずれの行動を採用しても制裁が加えられたりすることはないが、その決定の際には心理的葛藤が生ずるという特徴を持っている。

③ **同調と独立：** 同調行動は、社会生活を円滑に営むには必要不可欠なものである。しかし、あまりにもそれを強調しすぎると、人間の均一化をもたらし、没個性の人間ばかりになってしまう。そこで、一方では、他人とは思考も行動も異なり、他人には依存しない独立心も養っていく必要がある。しかし、また反対に、独立心のみをやたらに刺激すると、自己本位で、社会をただ自分の利益の場としかみなさない反社会的性格を作り上げてしまうことになる。この意味で、児童、青少年の健全育成には、この同調という社会化と共に、その人らしさ－個性－も発達させ、両者相補いつつ、バランスのとれた発達を促進していくことが大切である。個人が社会の中で人となることを考えれば、この社会化と独立心は、いわば人格形成の目標であるといえよう。

(3) 権威と服従

ミルグラム（Milgram, S.）は、人がいかに権威に弱いかを実験によって明らかにしている。記憶学習に対する罰の効果を調査するという名目で一般市民が

募集され、あらかじめ仕組まれた「くじ」によって教師役が割り当てられた。教師（被験者）は生徒（サクラ）に問題を出し、生徒が答えを間違えると、そばにいる実験者（権威者）から罰として電気ショックを与えることが命じられた。ショックは15ボルトから始まり、最高450ボルトまで上げられるようになっている。生徒役のサクラは、わざと答えを間違え、実際には電気がきていないのに、文句をいったり、悲鳴をあげたり、壁をたたいて抗議するような演技をした。そこで、被験者は不安になり、もう実験をやめたいと申し出ても、そばにいる実験者は「続けてください」「続けることが絶対に必要です」と強硬に被験者に服従を要求するのである。このような実験者の命令に対して、どこまで強いショックを与え続けるかが、この実験の本当の狙いであった。

　図4-4の結果のように、実験者の命令に屈しなかった被験者の割合は、発声条件（生徒役のサクラは隣室にいて被験者からは見えないが、声は聞こえる）でわずか37.5％で、残りの62.5％の者は最大450ボルトの電気ショックを与え続けたのである。とくに、被験者が遠くにいるほど、罰を与えることをあまり気にしないようになるということが分かる。このように、人間は権威者から命令されると、悩みつつも権威に服従し残忍な行為をおかしてしまうのである。

　ミルグラムは、権威に従わなければならない状況に置かれると、人は自主性を欠き、自分はただ命令者の要求を実行するだけの代理人であるとみなしてしまう傾向があるとし、こうした状態を〈代理状態（agentic state）〉と呼んだ。

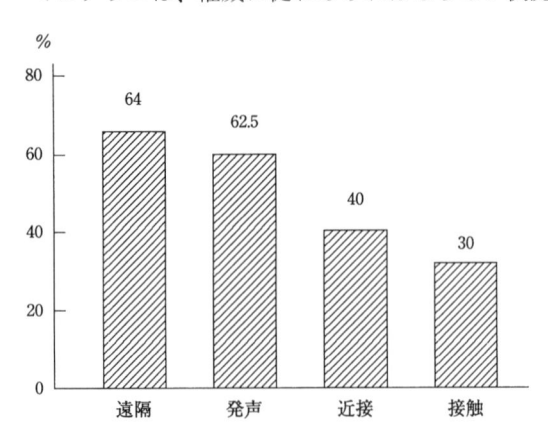

図4-4　4条件における最大ショックを与えた人の割合(服従率)
(S. Milgram, 1986)

3 リーダーシップ

(1) リーダーシップの機能と役割

　集団の理想的な状態とは、PM機能が十分効果的に働いているときである。したがって、リーダーシップの機能もまた、一面において成員間の人間関係を調整し、凝集性を高めていく方向で働き、他方、すすんで目標達成に参加せしめるよう動機づけを行い、モラールを高めつつ、成員の行動をコントロールする働きに見られる。このためには、リーダーはつぎのような役割を遂行していく必要がある。ⅰ）目標達成の設定、ⅱ）目標達成の方法の決定、ⅲ）集団活動の調整、ⅳ）人間関係の調整。

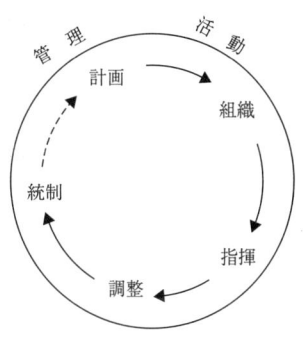

図4-5　マネジメント・サイクル

　また、企業組織におけるリーダーの役割を管理職能という側面から捉えてみると、ⅰ）計画の機能、ⅱ）組織の機能、ⅲ）指揮の機能、ⅳ）調整の機能、ⅴ）統制の機能、といったものがあげられる。いわば、リーダーとしての役割活動は、計画に始まって統制に至る管理機能の一連の行為として見ることができ、これを〈マネジメント・サイクル〉（図4-5）と呼ぶ。

(2) リーダーシップの理論

　リーダーは集団運営に重要な役割を果たしているので、昔から、どんな人がリーダーに適任か、すぐれたリーダーシップとはどのようなものか、といったことに関するさまざまな考え方が提出されてきている。

　① **特性論：**　リーダーに共通する個人的要因（パーソナリティ、能力、社会的属性等）を発見しようとする研究アプローチである。たとえば、リーダーとしての才能で大事なものは、誠実であるとか、人を尊敬するとか、自尊心や

自信を持っている、とかいったことである。数多くの指導者像を描いている作家の城山三郎は、優れた指導者として、ⅰ）高淡泊（卑しくない、私利私欲を肥やさない）、ⅱ）高感度（ロングランで地球や人類の運命を考えられる感受性）、ⅲ）高安定（眼前が暗くても動揺せず、逆に光が多少見えても手放しで喜ばず、たん然としている、ぐらぐらしない）、の3条件をあげている。しかし、これまで多くの研究者がその特徴を捉えようとしてきたが、研究者によってまちまちで、一貫した結果は得られていない。もし、リーダーに共通な性格があるとすれば、ある集団でリーダーの者は他の集団でもリーダーになれるはずであるが、実際はそういうことはないのである。

② **リーダーシップ・スタイル理論：** リーダーは、リーダーシップを発揮するに当たって、それぞれ独特のスタイルを持っている。これを「リーダーシップ類型」というが、こうした類型が成員の行動や態度あるいは集団の生産性やモラールにどういった影響を及ぼすのかを研究しようとするアプローチである。

その先駆的研究がリピットとホワイト（Lippitt,R. & White,R.K., 1960）の"リーダーシップの型と社会的風土"の研究である。この研究は、10〜11歳の少年たちからなる小グループを作り、それぞれのグループに専制型、民主型、自由放任型の3つのタイプのリーダー（成人）を配し、そのもとで簡単な作業を行わせることでリーダーシップの効果を見ようとするものであった。この結果、民主型では作業への動機づけが高く、人間関係も良好で、独創性も多く見られた。これに対して、専制型では作業成績はよかったものの、攻撃的になったり、強い不満が示された。さらに、放任型の場合には遊んでばかりで、モラールが低く、作業の量や質も劣っていたなど、リーダーシップによって集団の雰囲気が非常に変化することが明らかにされたのである。

③ **PM理論：** 三隅は、リーダーシップの2つの基本的機能、すなわち、課題解決を志向したP機能と集団を維持し強化しようとするM機能の組み合わせによってリーダーを類型化し、その効果について一連の実証的研究を行っている。図4-6は、PM機能を軸として、理論的に考えられる4つのリーダーシップ類型を示したものである。P機能を重視するリーダーは仕事中心主義で、

成員への配慮が薄くなりがちである。また、M機能を重視すれば、目標達成への活動よりも、むしろ成員間の調和やまとまりに関心が向けられるようになる。もっとも望ましいのがPM型リーダーであることはいうまでもない。

　④　ライフ・サイクル理論：　ハーシィとブランチャード（Hersey,P. & Blanchard,K.H.）は、リーダーシップの機能として課題指向（組織づくり）と関係指向（部下への人間的配慮）の2因子を取り上げ、一方で、部下の心理的成熟度という変数（部下がある職務を遂行する際の能力、職務経験、仕事に対する意欲や態度等）を考え、これら4つの組み合わせから、部下の成熟度と効果的なリーダーシップ・スタイルとの間の関連性を明らかにしている。それによると、部下の成熟度が低い段階では、①高い課題－低い関係指向のリーダーシップが必要である。部下の成熟度が高まり、要領よく仕事がこなせる段階では、②高い課題－高い関係指向の説得的リーダーシップ・スタイルに移行していくことが大切となる。さらに、集団の成熟度が平均以上に達した段階では、③高い関係－低い課題指向の参加型リーダーシップをとることが効果的となる。そして、部下の成熟度がもっとも高い集団では④低い課題－低い関係指向の委譲的なスタイルが有効である、としている（図4-7）。

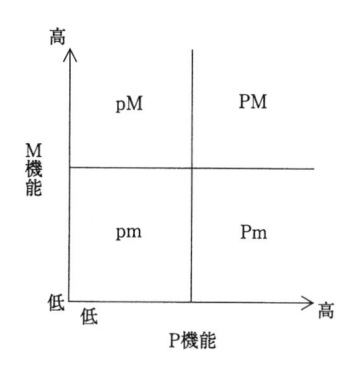

図4-6　リーダーシップの類型
（三隅二不二, 1984）

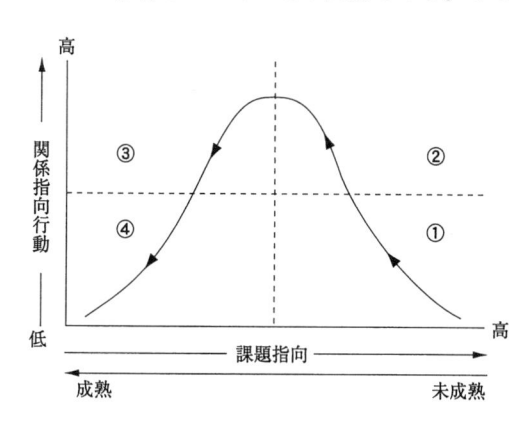

図4-7　効果的なリーダーシップ・スタイル
（P. Hersey et al., 1972）

　以上の結果から示唆されることは、第1に、集団の成熟

状況に応じて、要求されるリーダーシップ・スタイルが異なるということ、第2に、リーダーは、常に集団の状況把握を怠らず、状況に応じたリーダーシップ行動がとれるような柔軟性を養っておく必要がある、という点である。

⑤ **状況即応理論**(contingency theory)： フィードラー (Fiedler, F.E.) は、リーダーシップの効果が、ⅰ）リーダーと成員との関係（協調関係にあるかどうか）、ⅱ）課題の構造度（課題遂行の手続きが明確化されているか）、ⅲ）リーダーの地位的勢力（リーダーに与えられている権限の程度）、の3つの構成要素に規定されるとし、それらの組み合わせで8つの集団状況を設定し、その状況ごとにリーダーシップの型と集団業績の関係を図4-8のように整理している。

このモデルでは、まず、リーダーの個人的特性は、もっとも好ましくない共働者に対する感情的な許容度で測定され、LPC得点で示される。高LPC得点のリーダーは、一緒に仕事をしたくないと思う人に対して、配慮的・許容的な特徴を持っている。反対に、低LPC得点のリーダーは、与えられた課題の遂行が第1の目標であり、共働者に支配的・統制的な特徴を持っている。そこで、図4-8によると、リーダーの集団状況統制力が中程度の場合には、高LPC

リーダーと成員の関係	良				不 良			
課題の構造度	構造的		非構造的		構造的		非構造的	
リーダーの地位的勢力	強	弱	強	弱	強	弱	強	弱
リーダーの状況統制力	高統制	←		中統制		→	低統制	
	（リーダーにとって有利）				（リーダーにとって不利）			

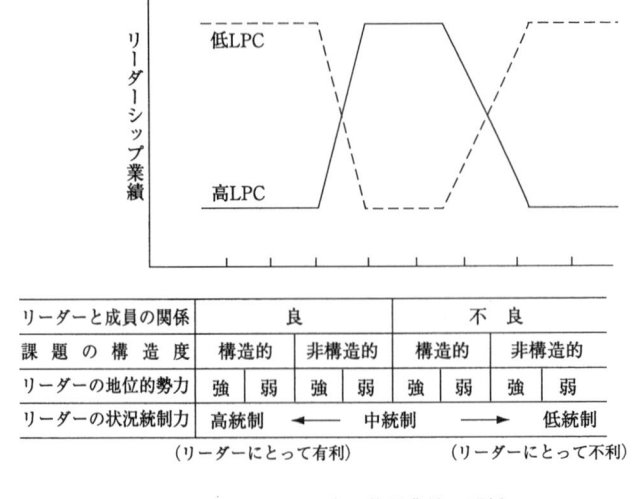

図4-8 リーダーのLPC得点と集団業績の関係

(F.E. Fiedler, 1967)

のリーダーシップ・スタイルが集団業績の向上には有効である。それに対して、状況がリーダーにとってかなり有利か、逆に不利な場合には、低LPCのスタイルの方が集団業績をあげるのに効果的であるということが分かる。

このように、リーダーシップの効果性は、リーダーの特性や能力によるのではなく、成員との関係や状況の特質に大きく依存している。したがって、効果的なリーダーシップは意図的に作りかえることも可能であり、開発できるものと考えられる。

(3) 今の時代が求めるリーダー像

朝日新聞が「今の時代に信長タイプのようなリーダーが求められるか」というモニター調査結果を発表している（2005年11月26日付、朝刊）。回答は、「求められる」が44％、「求められない」が56％と、ほぼ拮抗している。前者は、旧弊を打破し、実力主義を掲げ、行動力や決断力のある強いリーダーシップに共感し、後者では、独裁的で強引、冷酷なイメージに反発する傾向が見られる。果たして、いまの時代には、どのようなリーダーが必要なのであろうか。

① **カリスマ型リーダー**： 時代の過渡期で不確実性が高いときに登場してくるリーダーは、魅力的な外見を持ち、自分の正義を確信し、自信に満ち、自己決定ができる人物が多い。イギリスのサッチャー元首相は、「首相として何を心がけたか」を尋ねられたとき、自分で正しいと思う政策を決断し、それが国民のコンセンサスになるようリードすべきで、かりにも、国民のコンセンサスがどこにあるかを思いめぐらし、それに合わせた政策を採用すべきではない、と述べている。わが国の戦後歴代の首相を見ても、1、2の例外を除きサッチャー型は見当たらない。国民の支持率を高めるためには「どんなことをいえばよいのか」にのみ細心の注意を払っていた印象が強い。世界が静かで安定している場合には、与えられた条件の中での微調整が大切で、聖徳太子型がうまく機能するが、外交や国際的な政策が政治の主題となってくる状況下では、古いシステムを破壊し、斬新な思考力で、原則をまげずに実行に移していけるサッチャー型あるいは信長型のような強いリーダーシップが不可欠である。

② **ファシリテーター型リーダー：**　一方で、現代はリーダーを選ぶ時代から、リーダーを養成する時代だといわれている。なぜなら、いまの時代は、組織の中に多くのリーダーが必要だからである。これまでのような、1人ひとりが何をやっているか全部上がチェックし、命令してやらせるような古い煙突型のリーダーでは、いまの組織の発展は望めない。自主性にまかせてやった方がうまくいく。たとえば、今日、業績を上げて成功している会社では、その意思決定は、上意下達ではなく、ボトムアップが実質で、リーダーは現場重視、人の創意や工夫、意思を尊重している点で共通している。現場と離れないところで、リーダーが一緒に考える風土を持っている。現場で働く人たちから生まれる提案をしっかりとリーダーが受け止めることで、その提案が全体の改善に結びつくということを働く人たちが肌で実感できるような組織が伸びているのである。

　平成の時代、ヨコ型組織の時代になってからは、リーダーというのは、いつも未来のビジョンを見つつ、みんなをサポートし、みんなの意識を1つに集めていかなければならない。最近では、これを〈ファシリテーター型リーダーシップ〉と呼んでいる。その役割は、ⅰ）中立的な立場で、ⅱ）チームのプロセスを管理し、ⅲ）チームワークを引き出し、ⅳ）その成果が最大となるよう支持する、というものである。変革期のリーダーに必要なことは、組織や肩書を超えて多様な人材と協力し、知恵や力を合わせて「シナジー（相乗効果；synergy）」を上げていくことにある。シナジーとは、力を合わせると1＋1＝2となるものではなく、その足し算を超えたところの3、4の効果であり、本当のリーダーというのは、この部分で競える能力を持っている人のことである。たとえば、テレビ、パソコン、通信といった多数の事業を展開する多角化企業は、部品の共有化や流通チャネルの同時利用によってコスト節約が達成できる。また、多様な技術的アイデアやマーケティング・ノウハウなどを組み合わせて、つぎつぎに斬新なアイデアを生み出せる可能性がある。この総合力がまさにシナジー効果である。そして、その背景には、テレビを開発している人と、パソコンを開発している人と、インターネット・プロトコルに詳しい人たちが、事業部の枠を越えて、直接顔を突き合わせて議論し合い、新しいアイデアを出し合えるよ

うな濃密な人間的相互作用の場を設定できる人物が必要であり、さらには、そこで出された意見を調整するコア人材（ファシリテーター）の存在が不可欠なのである。この意味で、ファシリテーターには、どのような資質が求められるのかといえば、1つは、問題点を整理し、問題の本質がどこにあるかを嗅ぎ分ける力、もう1つが、人の感情に働きかける力である。この2つの能力を駆使し、チームメンバーに議論を起こし（コミュニケーション）、結論と気持ちを1つにまとめ（コンセンサス）、実行に対する意欲（コミットメント）を醸成するプロセスをリードしていくことこそ、現代に求められているリーダーシップといえる。

（田之内厚三）

〈参考文献〉

池田謙一・大坊郁夫・安藤清志『現代心理学入門4－社会心理学－』岩波書店、1995、78-86頁、144-164頁
白樫三四郎編著『社会心理学への招待』ミネルヴァ書房、1997、101-112頁
村井健祐・土屋明夫・田之内厚三編著『社会心理学へのアプローチ』北樹出版、2000、79-93頁
フラン・リース著、黒田由貴子訳『ファシリテーター型リーダーの時代』プレジデント社、2002
野々村新編著『こころへのアプローチ〈増補・改訂版〉』田研出版、2004、215-225頁

第5章 社会的認知

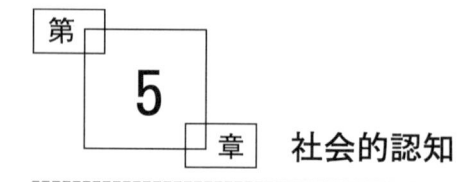

1 社会的環境の認知

(1) 閾下知覚

　われわれは周囲の環境や他者から得られるさまざまな情報から、身の周りに起こる出来事や他者や自分自身に関して、理解をしたり判断をする。自分をとりまく環境や自分と関わりを持つ人びとについての知識を得ることは、その環境の中で他者との相互作用をうまく進めていくために重要となるからである。このような判断や推論過程を、社会的認知と言う。

　社会的認知はまず情報収集と選択から始まる。その際、われわれは少数の限定された情報から判断したり、偏った情報収集をすることがある。また、意識して情報収集する場合もあれば、無意識のうちに取り込んでいることもある。

　ある対象が見えたり、聞こえたり、味わったりすることができるためには、目や耳、舌にある感覚受容器の感度よりも強い刺激が与えられる必要がある。このとき、感覚が生じるか生じないかの限界、つまり感覚が生じる可能性が50％となる刺激の大きさのことを〈刺激閾値〉という。したがって刺激閾値に達しない大きさの刺激、つまり〈閾下刺激〉は意識できない。しかし、意識されない大きさの閾下刺激が与えられたときにも、意識されないレベルでその刺激の影響を受けることがある。これを〈サブリミナル効果〉という。

　1940年代後半から、感覚と知覚における社会的、人格的要因の影響の重要性

が取り上げられ、〈知覚的防衛〉が問題となった。知覚的防衛とは、有害で不快な刺激を知覚するときには、閾値が上がって知覚が困難になることをいう。マクギニズ（McGinnies, E., 1949）は、りんごや魚といった中性語と、性的なタブー語とについての知覚の閾値を測定すると、タブー語の閾値の方が高くなることを報告した。さらにタブー語は、意識されない場合でも、皮膚電気反応が大きくなった。つまり無意識的な知覚において、その刺激の有害性が判断される可能性を示したのである。

　先行する刺激がたとえ当該事象と無関連であるかのように思われたり、意識されない閾下刺激でなくとも、たとえば注意がその刺激から離れることで、刺激に気がつかないとしても、後続の判断に影響を及ぼす効果を、〈プライミング効果〉という。この効果はある概念や情報処理のメカニズムが活性化されることによって、関連する概念の処理が促進されたり、抑制される効果をいう。なお、活性化だけではなく、刺激の処理を一度行うことで「流暢性」が高まることも指摘されている。

　たとえば、事前に「先生－生徒」という意味的に関連性が高い一対の単語が呈示される場合と、「石－生徒」という意味的に関連性が低い一対の単語が呈示される場合を比較する。すると、その後にたとえば「せ□と」といったように一語が欠けた単語を呈示されて、その単語を完成するという課題が与えられると、その完成率やその反応時間において意味的に関連性が高い単語を事前に呈示される場合の方が、促進的効果が見られるのである（74頁参照）。

　バーグとピエトロモナコ（Bargh, J.A. & Pietromonaco, 1982）は、他者評価に関するプライミング効果を検討した。まず事前に、閾下刺激として敵意性を含む単語がコンピュータの画面上に提示されて、その単語がどの位置に提示されたかを答えた。その後、ある人物に関しての印象を評定した。その際に、敵意性に関連する単語と、無関連の単語が用意され、それらの単語にその人物がどれほど当てはまるかを評定した。その結果、事前に閾下刺激として敵意的単語をより多く提示された場合、その後の判断が否定的方向に向かうことが明らかになった。情報のあいまい性が高く、情報について多くの解釈が可能であれば、

たとえそれが意識されなくとも、活性化されて接近しやすく、取り出しやすい情報にとくに依存しやすいことが示された。

　ザイアンスは、〈単純接触効果〉が閾下刺激の提示によっても認められることを示した。単純接触効果とは、対象について接触する回数が増えると、それに応じて好意度評価が高まるという効果である。この効果が閾下提示された刺激においても認められることを示したのである（85頁参照）。彼はまず被験者に各刺激を5回ずつ閾下提示して、その後でこれらの各刺激と他の1種類の刺激とを対にして各1秒間提示した。このとき被験者は、好きな刺激と事前に提示された刺激はどちらかを答えた。すると、事前に閾下で提示された刺激がどちらかを正確に答えることは困難であったが、好きな刺激は事前に提示された刺激の方を選ぶ傾向が示された。

　サブリミナル効果は、ステレオタイプに関する判断においても見られる。ステレオタイプとは、特定の集団に対して形成される固定化したイメージをいう（82頁参照）。たとえば「女性は依存的で、男性は独立的だ」というように、男女一般を示したイメージである。デバイン（Devine, P.G., 1989）は、「白人」の被験者に「黒人」に関連する単語を閾下提示した。すると閾下提示された単語が敵意性とは無関連の単語であっても、その後の評価に際してより敵意的であるという判断を行うこと、しかもこれは当人の人種に対する「意識された」偏見の程度とは関係なく認められることを示している。

　1950年代後半、ジェームズ・ビカリーは、映画の放映中に「コーラを飲みなさい」という文字を閾下提示すると、コーラの売り上げが伸びたと報告した。サブリミナル効果は、たしかに、認知的、感情的反応においては特定の効果が示されてきたが、行動に与える効果はまだ明確ではない。しかしこの効果を広告や映画等へ利用する動きが現実に存在することから、現実にどのレベルまで効果が認められるのか、効果の存在そのものや、効果の規制をめぐって検討されている。

(2) 社会的スキーマ

　バートレット（Bartlett, F.C.）は、アメリカインディアンの物語である"幽霊の戦い"という話を、イギリスの大学生に読ませて、想起させた。すると、たとえばその中で示された「カヌー」は「ボート」、「アザラシ猟」が「魚釣り」といったように、大学生は自らの文化に関連させて分かりやすい概念に情報変容を行った。われわれは、新たな情報に接するときに既存の知識を利用しながら理解しようとしたり、それによって理解が促進されることがある。収集された情報は、過去の経験や体験からすでに形成された既存の知識が、一種の認知的枠組みとして作用して、処理されたり解釈されていく。この構造化された体系的な知識を〈スキーマ（schema）〉という。

　スキーマには人物や役割のスキーマ、自分自身のスキーマ、出来事のスキーマなどがある。たとえば出来事のスキーマは、「レストランに入ると、テーブルに案内されてメニューを渡され、何を食べるかを決めて、注文する」といったような定型的な行動の連鎖についての知識であり、〈スクリプト〉ともいわれる。スキーマは、出来事や人の行動の意味を理解したり、予想することを容易にさせるのである。

　さらにスキーマに関連する情報処理は、すばやく自動的に行われる。マーカスは、自分が独立的かまたは依存的であると認知し、独立性または依存性次元が自分を記述するために重要であるという自己スキーマを持つ被験者は、独立的次元または依存的次元での自己スキーマを持たない被験者よりも、スキーマに一致する性格特性語が自分に当てはまるという判断をより速く行った。これによって自己スキーマに関連する情報は、その処理が速くなることを反応時間で示したことと、情報の精緻化に関わる再生において示したことになる。また自己スキーマは複数存在し、それらは自己概念に含まれて、自己概念自体は比較的安定的な傾向があるが、そのときどきで、作動する自己スキーマは異なると考えた（34頁参照）。

　自己概念には、将来の自分についてのイメージも含まれ、マーカスは〈可能

自己〉と呼んだ。可能性自己は、将来どのようになるのかという「期待された自己」、どのようになりたいかという「望ましい自己」、そしてどのようにはなりたくないのかという「なりたくない自己」についてのイメージであり、過去の自己表象からもたらされるものである。したがって目標や希望、恐れなどの表明となり、将来の行動の誘因や、現在の自己や行動の結果を評価するための基準となる。

　自己概念は多様で多次元で構成される自己知識であり、常にすべてが活性化してアクセス可能であるとは限らない。そこで、今現在活性化していて、アクセス可能な部分を、〈作動自己〉という。自己概念は、環境の変化に影響されない安定した部分と、変容可能な部分から構成され、動機づけや感情と関連するものでもある（33頁参照）。

　(3)　推論のバイアス

　われわれは、収集した情報からどれほど正確に環境を認知することができるのだろうか。情報がもたらす現実を正確に把握するための論理的情報処理が行われるとき、〈規範的モデル〉という。しかしふだんの生活の中では、推論のために使用できる時間に制約がかけられたり、情報そのものが限定的であったり、あいまいな情報しか収集できないこともある。つまり、ふだんは論理的で合理的な推論は困難が伴い、むしろ直感的で非合理的な推論が多くなる。

　また、社会的推論を行うために必要な情報を収集する際、自分がすでに保持している仮説や理論に影響されることがある。スナイダーとスワン（1978）は、自分があらかじめ保持する仮説や理論を確証し、それが正しいことを示す情報を選択的に収集するという〈確証バイアス〉を示した（41頁参照）。

　われわれの社会的知識は、複数の具体的事例を通して、対象の一般的な性質を推論することによって成立する。したがって、信頼性の高い推論を行うためには手掛かりとなる多くの事例が必要となる。しかし与えられた数少ない個々の事例から、一般的性質を推論することが多く、このとき、少ない事例であっても、過度に断定的な一般的推論をすることがある。また、事例が典型的な事

例ではなく、非典型的事例であっても、その事例から一般的性質を推論したり、目立ちやすい極端な情報に重み付けをして、利用しやすいといったバイアスや誤りが見られる。

また、正確な推論に必要で有効な情報に加えて、無関連で非効果的な情報が混じると、有効な情報の効果が低下する。つまり、多くの情報が与えられて、注意深く推論をしようとしても、どの情報が正確な推論に効果的かという判断が誤ることがある。これを〈希薄効果〉という。また〈決定枠組み効果〉と呼ばれるものがある。さらに、質問の表現方法によって判断の枠組みを変えてしまい、異なる推論をすることがある。たとえば、利益を判断するときには、損失を判断するときよりも、よりリスクを避けようとする判断がなされることがある。

⑷ ヒューリスティックス

われわれが一度に処理できる情報処理量は限定的で、処理能力には限度がある。しかし日常場面では必ずしも正しい推論だけが常に求められるわけではなく、たとえばその状況に応じて最適な判断を求められることもある。その際に複雑な推論過程を簡略化して、認知的負担を軽減するための方略がとられることがある。問題解決や判断などが要求されるときに、規範的で体系的に結論を導くのではなく、近似的な解決を得る方法を、ヒューリスティックという（68頁参照）。

トバスキーとカーネマン（Tversky, A. & Kahneman, D.）は、ヒューリスティックスとその系統的バイアスを検討した。たとえば典型性ヒューリスティックスは、事象が生起する確率や関連性を判断するとき、事例が典型的な性質を持つほど、その事例が典型である可能性が高いという判断をする傾向をいう。しかし、多くの事例に基づく方が少ない事例に基づくよりも、信頼性が高いことに気づかないことがある。日本人男性の10人のグループと100人のグループとでは、平均身長180cm以上となる確率はどちらが高くなるか、という問いに対して、「同じ」と答えてしまうような場合である。サンプル数が多い方が、日本

人男性の平均身長により近くなるために、10人グループの平均の方が180cm以上となる確率は高くなるのである。また、偶然に生起する確率を、ランダムに生起する確率よりも高く見積もることがある。たとえば硬貨を6回投げて、「表表表裏裏裏」となる確率は、「表裏裏表裏表」となる確率よりも低いと答えるような場合である。また、ある出来事が生じる可能性を判断するとき、その出来事を検索しやすく、想起しやすいほど、その生起確率を高く推定しやすい。これを〈利用可能性ヒューリスティックス〉という。

さらに、われわれは、「～していたら～であったのに」といったように、何が生起するかについてのシミュレーションを、結果の予測や原因の判断に用いることがある。過去に生起した事象について、とくにその事象があまり起こりそうもない事象であればそれだけ、「本来ならば～となるはずだった」というシミュレーションが組み立てやすく、後悔や怒りが強まることになる。これを〈シミュレーションヒューリスティックス〉という。

推論過程における誤りやバイアスは、「正しい」推論とはかけ離れた結論を導くことになる。しかし推論が行われる状況的要因や必要性、目的を考えると、「正しい」推論が果たして「よい」評価を得られるのかどうかは明らかではない。むしろ推論過程で生じた誤りやバイアスによって、どのように効率的な情報処理でまかなわれることができたかという観点が重要となる。

(5) 感情の効果

われわれの判断は、常に冷静な状態で行われるわけではなく、気分がよいときや悪いとき、怒っているときや幸福なときといった状態で行われることがある。そして、気分がよかったり幸せと感じているときには、相手の言動をふだん以上に好意的に解釈したり、逆に同じ言動でも不愉快な気分のときや怒っているときには否定的に解釈してしまうことがある。このように行動や思考、判断が感情の影響を受けることは明らかである。アイゼンら (1978) は、コンピュータゲームに勝って気分がよいと、中性的単語や否定的単語よりも肯定的単語をより多く想起することを報告して、喚起される感情の質と一致する内容の記憶

情報が想起されやすいことを示した。またバウワーら（Bower,G.H. et al., 1981）は、ある物語を楽しい気分で読む場合と悲しい気分で読む場合に分けると、物語を読んだときの気分と一致する物語の登場人物に注意を向け、気分と一致する内容をよく覚えていることを示した。つまり感情状態が一致する情報は、より注意が向けられやすく情報処理も深く行われる可能性が高くなる。これを〈気分一致効果〉という。さらにフォーガスとバウワー（Fogas,J.P. & Bower,G.H., 1981）は、情報の解釈や評価にも気分一致効果が現れることを示している。参加者は偽りのフィードバックによって、よい気分と不快な気分に導かれ、それぞれの状態である人物の特性を記述する文章を読んで、印象形成を行った。この文章には、肯定的な内容と否定的な内容の文章とが同数含まれており、各文章にどれほど時間をかけて読むかが測定された。その結果、文章を読むときの気分状態に一致して、よい気分の場合は不快な気分の場合と比べて、肯定的な内容の文章を読む時間が長く、肯定的な内容の文章の記憶成績がよかった。そして、不快な気分の場合はその反対の結果が得られたのである。さらに印象評定においても、よい気分の場合は不快な気分の場合よりも肯定的な判断数が多くなり、否定的な判断数が少なくなった。気分状態に一致して印象形成がされたことを示している。

　それではなぜ気分一致効果が生じるのであろうか。バウワーは〈ネットワーク理論〉から説明を行っている。私たちの概念や事象は、相互に関連深いもの同士が、関連の強さを空間距離を指標として位置づけられ、それぞれが「ノード」として結合されてネットワーク構造をなしていると見なす。このノードには、ある対象に関する評価の結果も含まれる。この評価の結果は、大きく分けて肯定的評価と否定的評価とに分けられる。したがって、ある感情状態が喚起されるとそれに関連する感情のノードが活性化されて、それに結びつく他のノードにも活性化が広がっていく。ノードが活性化されると、それにつながる概念や事象への接近可能性が上昇すると考えられる。すると、ある感情が喚起されると、それに対応する正または負の評価ノードと、関連するノードが活性化され、それにつながる概念や事象の接近可能性が高まることになる。もちろん1

つの事象は複数のノードを持つことが予想されるために、その状況でどのノードがより強く活性化されやすいかによって、活性化されやすく接近しやすい事象が決定される。つまり肯定的な感情または否定的な感情では、それぞれに対応する感情のノードが活性化されて、その概念が活性化されることになる。つまり、同じ情報でも、肯定的な気分のときには肯定的な評価が、否定的な気分のときには否定的な評価が行われやすくなるのである。

気分一致効果は、否定的な気分よりも肯定的な気分の方が認められやすい。このような〈非対象性〉は、否定的な気分は修復したいという動機が働き、肯定的な気分はそれを維持しようという動機が働くためであると説明されている。これは、感情の影響が、ネットワーク理論による自動的活性化拡散過程以外の過程も含むことを示している。

感情は、理性を失わせ不合理な行動を起こさせる。その一方で、恐怖や恐れなどの感情は身構えたり攻撃行動の準備などの判断をしたり、そのような感情がなぜ生じたのかを考えることで、他者との関係の調整に役立てたりすることができる。つまり感情は、環境にどのように対応するべきかを個体に教える「情報」として有効であるとも言える。

(6) 印象形成

対人認知は、対象が事物の場合とは異なるいくつかの特徴を持っている。まず対象となる人物から直接得られる情報だけではなく、第三者やその人物の過去の行動情報などを手掛かりにする。そして認知者側の状態によって注意を向けられる情報の側面が異なってくる。さらに認知対象が認知主体にもなることから、両者の相互の認知過程を媒介として対人認知が進行することになる。

さらに対人認知は、限定された断片的な情報から行うことが可能である一方、正確な対人認知を行うことは困難でもある。たとえば、非常に好ましい特徴や、または非常に好ましくない特徴を1つでも備えていると、その人のすべての特徴を実際以上に肯定的にまたは否定的に評価したり、その特徴に関連した他の特徴も持ち合わせているに違いないと推論することがある。また、「やせた人

は神経質だろうし、太った人は陽気だろう」と相手の特定の相貌特徴から特定の性格を推論することもある。このように、断片的な情報から、その人物がどのような人物であるのかという全体像を形成する過程を〈印象形成〉という。

アッシュ(1946)は、他者に関する情報が多数与えられると、それらの情報が個々に均等に印象形成に影響するのではなく、相対的な重みを持って影響すると主張した(表5-1)。たとえば「暖かい」「冷たい」といった性格特性語のように、印象形成に際して中心的な役割を果たす特性語があり、この中心的機能を果たす単語を核として他の単語が体制化されて印象形成がなされるという。また、情報が与えられる順序によっても全体的な印象が異なってくる。とくに最初の方で与えられる単語が方向づけの役割を持ち、後続の単語の意味を変えてしまうことを〈初頭効果〉、最後の方に示される単語が全体の印象へ与える影響が大きい場合を〈新近効果〉と呼んだ。

アッシュは、個々の言葉が単純に加算されたり平均化されて印象が形成されるのではないことを主張したが、アンダーソン(Anderson,N.H., 1965)は、個々の単語の刺激価の代数的総和によって、形成されるであろう全体的印象を予測できるとしている(表5-2)。彼はさまざまな性格特性語のそれぞれの単語に関する好き、嫌いの評定をさせて、それらの特性語を組み合わせて提示し、全体の印象を形成させた。その結果、全体の印象は与えられた特性語のそれぞれの評定値の平均か合計によって説明できることを示した。これは、全体的な印

表5-1 印象形成実験で用いられたパーソナリティ特性語リスト

リストA	リストB	リストC	リストD	リストE
知的な	知的な	知的な	知的な	知的な
器用な	器用な	器用な	器用な	器用な
勤勉な	勤勉な	勤勉な	勤勉な	勤勉な
温かい	冷たい	礼儀正しい	ぶっきらぼうな	
決断力のある	決断力のある	決断力のある	決断力のある	決断力のある
実際的な	実際的な	実際的な	実際的な	実際的な
用心深い	用心深い	用心深い	用心深い	用心深い

リストC、D、Eでは全体的に印象に差があまり見られないが、リストAとBは異なる印象が形成された。

(S.E.Asch, 1946)

表 5-2 情報統合モデル

	特性語	好ましさ (s)	重みづけ (w)
S_1	道徳的な	10	0.5
S_2	幸福な	8	0.3
S_3	勤勉な	6	0.2

個々の特性語の好ましさ (s) から、それら複数個 (N) の特性語で紹介される人物の全体的好ましさ (E) を予測しようとするモデルである。
各モデルから、以下の予測値が得られる。
単純総和モデル　　E = Σs = 24
単純平均モデル　　E = Σs/N = 8
加重総和モデル　　E = Σw・s = 8.6
加重平均モデル　　E = Σw・s/Σw = 8.6

(N.H.Anderson, 1962)

象がそれぞれの与えられた言葉についての情報を数学的に統合することによって決定されるとするために、〈情報統合理論〉と呼ばれている。

　さらにヘイスティーら (Hastie,R. et al., 1980) は、印象形成は個々の情報が1人の人物に関連したものとして結合され、一貫性のある構造をなすように組織化されていく過程であると考えた。ヘイスティーらは、まず被験者に先行情報として刺激人物の性格を表すいくつかの性格特性語を与えて、さらにその人物のさまざまな行動を記述した文章を提示した。そしてその後に行動文を再生させたところ、先行情報で示された性格特性に一致しない行動が一番よく想起され、一致する行動や無関連な行動は想起が悪かった。そこでヘイスティーらは、それぞれの情報を人物の印象の中へと統合していく過程では、人物に対する既成の知識と新しく入力される情報との間に、それらを関連づける経路が形成されてネットワーク構造が作られると仮定した。そしてその知識と一致しない情報や矛盾する情報は、積極的に他の情報と関連づけられようとして多くの経路が形成されることになり、その結果、検索が容易になるのだろうと説明している。つまり他者に関する知識構造とその機能から印象形成の過程を検討しようとしたのである。

　さて印象形成は、どれ程正確に行われるのだろうか。まず認知の主体側に先入観や期待があれば、印象形成は歪められてしまう。これは、たとえば特性概

念のアクセシビリティの差、つまり接近可能性の差から説明することができる。ヒギンズら (1977) は、あいまいな文章を用いて人物の行動を示して、その人物の印象形成を行わせる一方で、事前に、印象形成とは無関係な認知課題を与えて、単語を記憶させた。与えられた単語は、「勇敢な」に関連するか、または「むこうみずな」に関連する場合に分けられた。すると、前者の方が好意的な印象形成をする者が多かった。これは、記憶された特性概念の中で、その状況でもっともアクセスしやすい特性概念によって印象形成がなされたことを示している。先入観や期待は、事前情報によって特定の特性概念へのアクセスを高めて、その後の情報処理に影響することが分かる (74頁参照)。

　われわれは、それまでの経験などによって、ある人物の印象を推測してしまうことがある。それは整合性や論理性の高いものではなく、その人独自のものであり、これを〈暗黙の人格理論〉という。印象形成する主体がどのような人格理論を持つかによって、同一の人物に対する印象が異なることになる。しかし、その中にも共通する構造があることが明らかにされている。ローゼンバーグら (Rosenberg,S. & Sedlak,A., 1972) は、「社会的望ましさ」と「知的望ましさ」の2次元構造を明らかにしており、林文俊 (1986) は、「個人的親しみやすさ」「社会的望ましさ」「力本性（意志の強さと活動性）」の3次元構造を示している。対人認知に際して、共通する枠組みの中の次元を重視するのかによって、個人差が現れるという。

2　帰属過程

(1)　共変動理論

　われわれは他者や自分の行動について、また自分の身の周りに起こるさまざまな出来事やその結果について、なぜなのだろうと原因を推測して説明しようとすることがある。それは、そうすることによってその人の特性や出来事に関する知識が得られたり、自分のまわりの状況などの理解が進み、将来同じ状況

で生じるであろう行動や出来事を予測できるようになるからである。この過程を〈帰属過程〉という（26頁参照）。

　原因を推測するときに、ある反応と連動して変化している要因があれば、その反応の原因はその要因にあると推測される傾向がある。ケリー（1967）は、ある反応が生じたときに存在し、その反応が生じないときには存在しない要因に原因帰属がなされる傾向を、〈共変動の原理〉と呼んだ。

　たとえば、ある小説を読んで感動した場合、その人にはその種類の小説が好きだという個人的な好みがあったかもしれないし、感動したのは小説が優れていたのかもしれない。または偶然にそのときの気分が良かったために感動した可能性もある。人の行動は、行為の主体である人が異なれば異なった行動となるであろうし、対象や刺激が異なれば異なった反応を示すだろう。さらに周囲の状況や事態によっては、同じ人であっても同じ対象に異なる反応を示すこともある。そこでケリーは、3種類の情報が原因の特定に重要であるという。まず、他の人もその小説に感動したかどうかという合意性についての情報である。つぎにその小説以外の小説を読んで感動するのかという弁別性の情報である。そして別の機会に同じ小説を読んで感動するかという一貫性の情報である。もしも、その小説を読むときはいつでも感動し、その小説以外の小説にはまったく感動せず、他の人もその小説を読んで感動する場合、つまり一貫性、弁別性、合意性のすべてが高い場合、感動するという反応は、対象である小説の側にあることになる。一方、その人はその小説を読むたびに感動し、他の小説にも感動するが、他の人はその小説には感動しない、つまり一貫性は高いが、弁別性と合意性が低いとき、小説を読んで感動するという反応が共変するのは行為者であるために、原因は行為者に帰属されることになる。

　ところが日常場面では非常に限定された情報から原因を推測する場合が多く、その際には因果関係に関する知識、つまり因果スキーマを用いて原因を推測することがあるとケリー（1972）はいう。たとえばオリンピックで優勝するためには、その人物の運動能力の高さだけではなく、他の複数の要因が存在する必要があると推論するであろう。一方、雨の激しく降る夜に、免許を取り立ての

人が自動車事故を起こしたとしよう。その事故には複数の原因が考えられるが、雨の激しく降る夜だったことを知るだけで、その事故の原因を激しい雨に特定してしまい、運転手の運転能力の低さという原因の重要性は割引いて推論してしまう。これを〈割引原理〉という。また、結果を促進する要因と抑制する要因の両方が存在するときには、促進要因のみが存在するときよりもその重要性を大きく評価する。これを〈割増原理〉という。たとえばマラソンで優勝した人がマラソンを始めてまだ日が浅かったことを知ると、私たちはその人の運動能力の高さを割増して推測するだろう。

(2) 対応推論理論

　われわれは他者の行動を観察すると、その行動がどれほど意図的であったのかを問題にする。そしてその行動はどれほどその人物の特定の属性を反映しているのかを推論しようとする。ジョーンズとデイビス（Jones,E.E. & Davis,E., 1965）は、他者の行動からその人の意図や内面的な特性を推論する過程を〈対応推論理論〉として検討している。対応とは、観察された行為が行為者の意図や内的な特性を反映する程度を示す概念である。そして、他者の行動が意図された行動であると推論すると、つまり対応性が高いと、引き続いてその行為者の特性を推論する。しかし意図されたものではないと推論すると、個人の特性への帰属は生じなくなる。

　それではどのように他者の行動から特定の属性を推論するのだろうか。たとえば「青年が老人に席を譲る」という行動を見たとき、その行動は望ましい行動であり、他の人にも同じ行動が期待できるので、席を譲る行為にその行為者の「親切な」という特性がどれほど反映しているのかが明確ではない。したがってこのときには、その青年は親切であるという確信を持った推論が困難になる。

　また、いくつかの選択肢から選ばれた行動をとったとき、選択された行動と選択されなかった行動との違いを比較することで、行為者の特性を推論することができる。とくに行為者が選択した行動と選択されなかった行動との違いが少ないほど、確信を持った推論ができる。たとえば合格した複数の大学からＡ

大学に進学を決定した人物がいたとする。A大学は他大学とは唯一異なり厳しい研究指導を特徴としていることを知ると、その人物は厳しい指導を受けるためにA大学を選択し、勉強熱心であると推論するであろう。しかしA大学と他大学との相違点が多くあれば、その人物がA大学を選択した意図が明確ではなくなり、確信を持った推論ができなくなるのである。

(3) 成功・失敗と帰属

　成功や失敗の原因にはさまざまな要因が考えられるが、ワイナーは、能力、努力、課題の難しさ、運、の4要因が主要因となり、さらにこの4要因を2次元に分類して説明しようとした（26頁参照、ワイナー（1979, 1985）は後に上の2次元の他に、統制可能性次元を加えて、3次元の分類を試みている）。

　一般的に、成功すると喜びや満足感を感じて、将来同じ課題に取り組むときの期待が高まるだろうし、失敗すれば落胆したり恥じたりして、期待は低下するだろう。しかし成功や失敗の原因をどの要因に帰属するのかによって、感じる感情やその後の行動への期待が異なってくる。たとえば能力や努力の要因に帰属すると、成功は喜びなどを大きくして、将来の行動への期待も高まるであろうが、失敗は落胆などが大きくなり、将来の行動への期待も低下してしまうであろう。一方、課題のやさしさや難しさ、運の良し悪しへ帰属をすると、成功してもそれほど満足感が感じられないかもしれないが、失敗の落胆もそれほど大きくはならず、将来の行動への期待も大きく変動しないことが予想できる。

　このように成功と失敗の原因帰属の形成の仕方によって、将来の行動への期待が変化することになる。しかし、逆に原因帰属の形成の仕方を変えることで、感情の大きさや将来の行動への期待を変化させることが可能になるとも言えるのである。

(4) 帰属の誤りとバイアス

　さまざまな要因によって正確な原因帰属ができないことがある。たとえば、選択の余地がなく強制的に態度を表明させられた場合でも、表明された態度が

真の態度であると推論されやすい。一般的に観察者は観察した行為の原因を行為者の内的特性に帰属する傾向が強く、ロス（Ross,L., 1978）はこの傾向を〈帰属の基本的錯誤〉と呼んだ。一方、行為者は、自分の行為の原因は状況など外部に帰属する傾向が強い（153頁参照）。そこに行為者と観察者との帰属のずれが生じることになる。これを〈行為者・観察者効果〉という。これには、観察者は行為者の行為に注意が向けられやすいが、行為者は自分自身よりも周囲に注意を向けやすいといった両者の視点のずれがあったり、行為者は自分についての知識が豊富であるために、外的な帰属が強まることなどが考えられる。

また自分が成功すると、能力の高さや努力といった内的な要因へと帰属する傾向が強く、失敗すると課題のむずかしさや運の悪さに帰属する傾向がある。そこには自尊心を防衛したり高揚しようとする動機が作用し、これを〈利己的帰属のバイアス〉という（40頁参照）。

利己的帰属のバイアスは、意図的に利用されることがある。将来失敗したり自尊心が傷つけられることが明確になると、利己的な帰属が可能となるような原因を現時点であらかじめ用意するのである。たとえば試験に不合格になりそうなことが分かると、試験直前にわざと遊びに行ったり、体調が悪いとかよく眠っていないということを主張したりする。その結果、不合格が判明しても体調不良の原因に帰属でき、合格すればさらに自尊心を高揚させることができるのである。このような方略を〈セルフ・ハンディキャッピング〉という（27頁参照）。

3 対人魅力

(1) 対人魅力とは

対人魅力とは、他者に対する好意的または非好意的な態度として定義することができる。そこには感情的要素、行動的要素、認知的要素が含まれている。

対人魅力の測定にはバーン（Byrne,D.）の対人判断尺度のように、リッカー

ト法などの質問紙によって行われることが多い。バーンの尺度は、相手に対する一般的な好悪感情と、一緒に仕事をするときの好悪感情を相手の社会的適応性などとともに評価するものである。また、ルビン（Rubin,Z.）の好意尺度と愛情尺度や、モレノによるソシオメトリック・テストなどがある（21頁、89頁参照）。一方、対人魅力の非言語的な側面を測定する場合には、心拍数や瞳孔の大きさといった生理的指標や、二者間の空間的距離の大小や視線交差などの指標が用いられている。

(2) 対人魅力の規定因

われわれは、住居が近いことや同じ学校に通っているなどの環境要因によって相手への好意を増すことがある。フェスティンガーら（1950）は、学生寮に入寮直後から約半年間の寮内の交友関係を、部屋の距離との関係から調査した。すると、部屋の距離が離れているよりも隣室の住人の方が、友人として選択される確率が高くなった。これは、近接することによって低コストで楽しさなどの高報酬が得られるからだという強化理論からの説明や、近接性が高いと単純に相互に接触する機会が増えて、その対象が見慣れた対象となり熟知性が高まることから好意が増すという単純接触仮説からの説明がなされている（85頁、88頁参照）。

ところで相手に関する情報が不十分であると、容姿やスタイルなどの外見の特徴が判断の手掛かりとして影響しやすい。さらに、そこに「美しい人は幸福だろう」といったステレオタイプが働いて、外見の魅力が高いことがその人物の他の属性判断にまで影響することもある。ウォルスターら（Walster,E. et al., 1966）は、新入生の男女を容姿の客観的魅力度がランダムに組み合わされるようにペアにして、ダンスパーティーを開催した。すると相手の性格特徴や自分の魅力度の水準とは無関係に、相手の容姿の魅力度が高いほど相手に対する好意度やデートを申し込む割合が高いことが明らかになった。

しかし外見の魅力の高いことが必ずしも好意を高めるわけではない。マースタイン（Murstein,B.I., 1972）は、結婚相手の選択などでは、相手から拒絶され

ることを避けるために、自分と同程度の外見の魅力を持つ相手に魅力を感じる、という〈釣り合い仮説〉を提出している。つまり相手がどのような属性を持っているかだけではなく、相手と自分との関係の中で対等な交換がなされるように魅力が規定されるというのである。

態度や性格の特徴が魅力に影響することがある。バーンとネルソン（Byrne, D. & Nelson, D., 1965）は、態度の類似性と魅力との間には正の相関関係があり、お互いの態度が類似している割合が高まればそれだけ相手への魅力が増す、という〈類似性魅力仮説〉を提出した。つまり、自分と態度が類似している他者とは円滑な相互作用が可能となり、他者の行動などを容易に予想したり理解することができる。また類似した他者との比較によって、自分の行動や考え方の妥当性などを判断できる。人は何らかの意味で自分に報酬をもたらす他者に高い魅力を感じるので、自分の態度と類似する他者は報酬も大きくなるために、魅力が高まると考えられた（88頁参照）。

そこで彼らは、あらかじめ被験者にさまざまな対象に対する態度調査を行い、その回答を操作して、新たに架空の人物の回答を作成した。そして操作した回答を再度同じ被験者に提示して、回答した人物の魅力度を評定させた。その結果、自分の回答と他者の回答の一致する項目の割合が高い人物の魅力度を高く評定し、さらに回答の一致する項目の割合が高まるほど魅力度が増加するという直線的関係が認められた（図5-1）。

さて人には、自分の行動や考え方について他者から承認して欲しいという欲求がある。自尊心が低い人や、一時的にでも自信がなくなったときなどには、自尊心を回復したり補うために他者からの承認や高い評価を得たいと思い、その欲求を満たしてくれる他者に魅力を感じることがある。ウォルスター（1970）は、女子学生を被験者として男子学生にデートに誘われる場面を設定した。その際、事前に受けた性格検査の結果として否定的な評価を受けた場合の方が、肯定的な評価を受ける場合よりも、男性に対する魅力を高く評定した。つまり、デートを申し込まれるということが低下した自尊心を回復させ、それが男性への魅力を高めると考えられた。

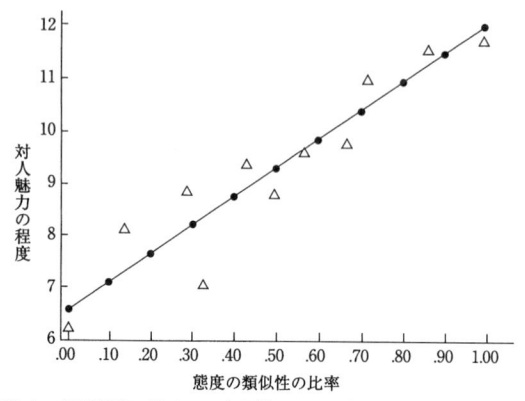

図5-1 類似態度の比率の1次関数としての未知の他者に対する魅力
(D. Byrne & D. Nelson, 1965)

△印が実測値であり、それを直線に当てはめると、態度の類似性と対人魅力の関係は、Y＝5.44X＋6.62という正の一次関数で示された。

しかし他者との関係は時間の中で推移していく。その推移の中で、最初から好意的または非好意的な一貫した評価を受けるよりも、途中で評価が変化する方が、相手への魅力を大きく変化させることがある。たとえば最初から肯定的な評価を受けるよりも、最初は否定的でも後から肯定的な評価を受ける方が、相手に対する魅力度が高まったり、最初から否定的な評価を受け続けるよりも、最初に肯定的な評価を受けながら、後になって否定的評価になると、魅力度が大きく低下することもある。アロンソンとリンダー（Aronson,N.H. & Linder,D., 1965）は、他者との関係の時間的経過の中では、他者からの絶対的な評価の量ではなく、他のさまざまな情報との対比関係が他者への魅力評定に大きく影響するとして、これを〈好意の獲得―損失効果〉と呼んだ。

(和田万紀)

〈参考文献〉

奥田秀宇『人をひきつける心』（セレクション社会心理学17）サイエンス社、1997
山本真理子・外山みどり編『社会的認知』（対人行動学研究シリーズ8）誠信書房、1998
山本・外山・池上・遠藤・北村・宮本編『社会的認知ハンドブック』北大路書房、2001

第6章 大衆現象の心理

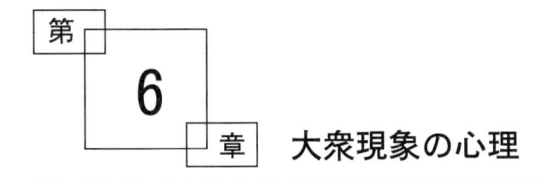

1 災害の心理

　災害は、地震、火山の噴火、津波、台風など、災害の原因となる「災害因」の発生によって引き起こされる。しかし、災害因の発生だけでは、「災害」は起こらない。災害因の衝撃に人間社会が耐えることができずに、人的、物的に損害が生じるとき、「災害」が引き起こされる。

(1) 災害時の避難行動

　避難行動とは、災害などの危険から物理的に遠ざかることを指す。この避難行動は、個人の単独な行動というより集団的な行動と考えられる。広瀬弘忠は、避難行動の起きるプロセスをつぎのように説明している。まず、危険が現実にあることを実感することから始まる。これには、マスメディア、市町村、消防、警察などからの情報や、地震の揺れを感じたり、火山の噴火を見るなど、自分で危険を体験することなどが含まれる。危険が感知されたらつぎに、その危険の大きさを評価する。このとき、後述するように一般的には、危険は過小評価されることが知られている。危険が十分、大きいと評価されると、つぎに、避難コストが評価される。すなわち、避難の途中にある障害、避難所の準備、避難所までの距離等を勘案し、避難しないよりも、避難する方が安全だと感じたとき、避難行動が起きる。

　避難行動は災害への不安や危機感がないと起こらない。一般に、危機的事態

を回避する可能性があるときには、恐怖や不安が高いほど、リスク軽減のための行動が起きやすい。避難行動が起きるためには、恐怖や不安が必要であるが、パニックに陥らずに、秩序ある避難行動が起きるためには、恐怖や不安が過度にならないことも必要である。しかし、避難勧告や避難指示が出されても、避難しない人が多いように、一般的に、危険に直面しても、それをそれほど大きな危険と考えず、危機感を抱きにくいことが、さまざまな災害場面で報告されている。

たとえば、2003年2月18日に韓国の大邱（テグ）市で起きた地下鉄の火災事故では198人以上の死者を出す被害となった。午前9時53分に中央路駅に止まった地下鉄1079号車の車内で男が放火し、たちまち炎上した。この電車の乗客はあわてて避難を始めた。約4分後、反対側のホームに1080号車が入ってきた。その直後に駅構内は停電し、ホームは真っ暗になった。しかし、1080号車の乗客は「少しの間、お待ちください」という車内放送を聴いて、煙の充満する車両内で避難せず、待機していた。車内で侵入してくる煙に耐えている人びとの様子が写真に撮られている。

この火災事故で亡くなった人の多くは、1080号車の乗客であった。

乗客たちは、煙やにおい、異常な音などを感じていたはずである。それにもかかわらず、なぜ、避難しなかったのであろうか。ここには、災害時に特有の認知的特徴や行動の特徴を見ることができる。

第1に、異常な事態に出会ったときに、異常と感じずに正常の範囲内のものとして認知する〈正常性バイアス〉が働いたこと。

第2に、状況があいまいな場面で多数の人の意見や行動を基準として、多数者の意見に従った判断や行動を行う同調行動が起きたこと。

第3に、状況の認知において、自分の五感の情報より、専門家の意見を優先する心理が働いたと考えられる。

このような災害時の行動の特徴はつぎの実験でも示されている。山村武彦（2005）は、大学の学生寮で、予告なく火災報知器を鳴らし、発煙筒をたいたときの行動観察を行った。

この実験を行った寮は5階建て鉄筋コンクリート造りで、2階から5階まで各階に2人部屋20室の男子専用学生寮であった。

　実験開始時に寮にいた学生は32人で、そのうち、部屋に1人でいた学生が5人、2人で部屋にいた学生8人、1階の食堂に19人がいた。実験のことを知っているのは、寮長と寮運営委員会の2人、食堂の職員3人だけであった。

　火災報知器は管理人室にある受信機で一斉に鳴らし、白色の煙を発生させる発煙筒はその30秒後に1階階段付近で着火した。階段、リビング兼食堂、玄関など10ヶ所にビデオカメラを設置し、実験者が隣の宿舎の5階で観察していた。このとき、部屋に1人でいた5人全員が火災報知機が鳴ってすぐに、避難はしないまでも、ドアを開けて何か起きていないか確認行動を行っている。部屋に2人でいた場合は、火災報知機が鳴った時点で、1組だけが行動を起こし、他の6名は、煙に気づいてから行動している。食堂にいた19名は、3分間の間、何の行動も起こさなかった。この実験では一緒にいる人数が多くなるほど、避難行動の開始が遅れている。避難が遅れた学生に聞いてみると、「たぶん、誤報か、点検だと思った。まさか火災とは思わなかった」といっている。火災報知機が鳴っても異常事態と認知せず、正常の範囲内であると認知する正常性バイアスが働いたと考えられる。また、食堂にいた19名には集団の中で、多数者の行動と同じ行動をする同調行動が起きたと考えられる。

　また、自分の五感よりも専門家の意見を優先して被害を拡大した例は、2001年9月11日のアメリカ同時多発テロのときのニューヨーク世界貿易センタービルの避難の例にも見られる。

　たとえば、午前8時46分、ノースタワーに飛行機が突入したとき、64階のオフィスには16名のスタッフがいた。すぐに警察の緊急対策本部に電話した。警察から「じっとしていてください。警官が上がってくるのを待ってください」という指示を得て、全員がオフィスに待機していた。

　約1時間後、再び、電話し、「煙がひどくなってきた。階段を下りようと思う」と伝えると、警察は「はい、脱出を図ってください」と応じ、10時8分に階段を下り始めた。しかし、避難の途中でタワーが崩壊し、14名が死亡した

（広瀬、2004）。緊急事態では、災害救援の専門家でも判断を誤ることがある。しかし、私たちは専門家を信じるあまり、自分の五感で感じる状況判断よりも、専門家の判断を優先する傾向がある。

韓国、大邱（テグ）市の地下鉄火災では、これらの要因が働いて、地下鉄の乗客は避難のタイミングを失ったと考えられる。

(2) 避難行動に影響を与える要因

① **正常性バイアス**：　正常性バイアスとは、危険を認めようとしない信念のことである。広瀬は正常性バイアスについて、つぎのように説明している。私たちは常に変化する外界の中で生活している。日常生活の中で、そのような些細な変化にいちいち反応していたら、神経が疲れ果ててしまう。そのため、ある範囲までの異常は異常と感じずに、正常の範囲内のものとして処理するようになっている。そのような心のメカニズムが〈正常性バイアス〉を生む。

② **同調行動**：　あいまいな状況や不安状態では同調行動が起きやすいことが報告されている。人は自分の置かれている状況や環境について明確に理解しようと動機づけられている。

このとき、状況や環境の理解のために用いられる客観的な基準がない場合に、その代わりに他者の判断や行動を社会的な基準として自分の判断を行う。このため、あいまいな状況では同調行動が起きやすい。

このような同調の側面をドイッチュとジェラードは〈情報的影響による同調〉と呼んでいる（94頁参照）。災害時には状況が大きく変化し、状況の再定義が必要になる。災害という状態は、ふだん、あまり経験ない状況であることや、その状況を判断する客観的基準に乏しいという点で、あいまいな状況であるといえる。韓国、大邱（テグ）市の地下鉄火災にあった乗客たちも、山村の実験で食堂にいた19名の学生も、「避難しない」「それほど重大な事態と考えていない」というお互いの行動を基準としていくことで誰も避難しない事態に至ったと考えられる。

しかし、同調行動は、避難の遅れを引き起こすだけではない。誰かが避難行

動を起こせば、それに同調して避難行動がつぎつぎに起きることも知られている。

③ **エキスパート・エラー:** 災害時には、災害救援の専門家といえども、判断の間違いを起こすことがある。限られた情報のもとで、迅速な判断と行動が求められる場合には、救援のベテランでも判断の誤りを犯す。このような専門家による判断の誤りを〈エキスパート・エラー〉と呼ぶ。しかし、われわれは災害や事故などの緊急事態では、救助の専門家を信頼し、自分の判断より優先する傾向がある。それが、結果的に避難行動を妨げることがある。テグ市の地下鉄火災では「少しの間、お待ちください」という車内放送を信頼し多くの乗客が犠牲になった。また、2001年9月11日の同時多発テロでは、ビルに飛行機が突入するという前代未聞の事態の中で、専門家によるエキスパート・エラーが起こり、専門家の指示に従った多くの人が犠牲になったと考えられる。

④ **家　族:** 災害に直面したとき、家族は一体となって行動しようとする。1993年7月12日午後10時17分に発生した北海道南西沖地震は、地震とその後に発生した津波によって奥尻島に死者・行方不明者198名という甚大な被害をもたらした。このときの避難行動を調査した若林佳史（2003）によると全調査回答者680名のうち、家族と一緒に避難した人は約70％の474名であった。災害時には、幼い子どもがいる家族は早めに避難し、老人や病人を抱えている家族は避難が遅れる傾向がある。

⑤ **災害経験:** 1993年7月の北海道南西沖地震では、津波による甚大な被害を出した。地震発生の約5分後には津波の第1波が襲っている。津波警報を発令する余裕もなかった。しかし、住民は地震直後に高台に向かって避難を始めていた（若林、2003）。これには、その10年前に発生した日本海中部地震の経験が役立ったと考えられる。奥尻島住民へのアンケートでも、82.5％の人が日本海中部地震の経験が役に立ったと回答している。この日本海中部地震は、1983年5月26日正午頃秋田沖を震源として発生しているが、それまで津波経験の少なかった日本海沿岸を津波が押し寄せた。この地震では気象台は大津波警報発令の緊急連絡を出していたが、秋田県の消防防災課は市町村への連絡を怠っ

ていた。津波の経験に乏しい日本海沿岸の人は、津波の危険に思い至らず、自主的な避難行動もとらなかった。そのため、遠足の小学生や護岸工事を行っていた作業員などが被害にあった。このときの避難率は約20%だったという（広瀬、2004）。

しかし、過去の災害経験は避難行動を遅らせる場合もある。1982年7月の長崎水害では、7月11日、13日、16日、20日と大雨洪水警報が出されたにもかかわらず、災害は発生しなかった。そのため、23日の午後4時過ぎに5度目の大雨洪水警報が出されたときにも、それまでの経験に基づいて、住民の避難行動は起きなかった。しかし、このときは警報どおりに記録的な集中豪雨が降って、県内各地で山崩れやがけ崩れが起き、結果的に長崎県内だけで299人の死者・行方不明者を出している。

(3) 災害情報の伝達

災害など状況が大きく変化する場合には、新しい状況の"再定義"を行おうとする。そのために必要な情報に対するニーズが高まる。災害時には、時間的な状況変化に応じて、さまざまな情報ニーズが発生する。大きな災害の発生する前に、前兆などが観測されると、災害の予知に関する情報が求められ、災害が発生した後には、「災害因情報」「被害情報」「安否情報」「生活情報」「防災対策情報」などが求められる。これらに対応して、関係機関が適切に正確な情報を伝達することが流言予防のためにも重要である。

災害が発生する以前に、「災害が発生して、重大な被害が出る恐れがあるので、被害軽減のために必要な行動をせよ」という行動喚起のメッセージの役割を果たすのが、災害警報である。暴風、大雨、大雪、洪水などの警報や地震の警戒宣言、緊急火山情報などがこれに当たる。しかし、警報は危険の告知はされるが、具体的な行動の指示は含まれない。そこで、適切な行動を行うために、行政機関が危険地域の住民へ指示や支援を行ったり、マスメディアから地域住民への行動指示の情報が流されることが重要である。

災害警報は、防災行動を行うための時間的余裕を得るため、被害が予想され

る時点より、できるだけ早く出されることが望ましい。また、災害の襲ってくるとき、場所、規模について、できるだけ具体的で正確であることが望ましい。しかし、警報を出す時期が早いと正確さに欠ける恐れがあり、逆に正確さを期すると遅くなる傾向がある。前述した1982年7月の長崎水害では、警報が4回、空振りをした結果、警報への信頼性が損なわれ、避難行動に支障をきたした。

　災害警報の伝達経路としては、警報発令機関からテレビ・ラジオなど報道機関や行政機関、警察、消防などへ伝達される第1次警報伝達過程と、報道機関、行政機関、災害対応機関、それぞれが多様なチャネルを通して住民に伝達する第2次警報伝達過程がある。第1次警報伝達過程では、ルーティンに従って正確に情報が伝達され、伝達漏れやノイズの混入による伝達情報の歪みはほとんどない。しかし、第2次警報伝達過程では、情報の歪みや誤情報の混入が起こる場合もある。また、警報の受け手が多様な不特定多数の人であるため、中にはダブルチェックを怠る人も出てくる。ダブルチェックを行っていれば、警報の誤りなどはすぐに分かる。多くの場合、災害警報に接したとき、何らかの形でダブルチェックを行っている。1981年10月31日の午後9時頃、神奈川県平塚市で屋外同報無線スピーカーから市長（当時）の声で、大規模地震の警戒宣言が流れた。これは、同報無線の装置の誤操作のためであったが、この誤警報を聞いた人のうち、本当に警戒宣言が出たと思った人は、4％にも満たないのではないかという調査結果がある（東京大学新聞研究所調査）。多くの住民は複数のチャンネルにより警報の真偽をチェックしている。

(4)　災害時の流言

　流言とは、内容的に根拠のはっきりしない、ニュース性の高い情報が人から人へと連鎖的に伝達され、広がってゆく集合現象である（三上、2004）。内容的に根拠がはっきりしないというのは、公式の情報源で事実かどうか確認されていないこと、内容が科学的根拠を持っていないこと、確実な知識に土台を置いた情報ではないことが考えられる。災害時には必ず流言が発生するといってよい。災害など状況が大きく変化する場合に、新しい状況についての"再定義"

を行おうとする。そのために必要な情報を収集し、新しい状況に対処するために必要な"対応行動"をとろうとする。このときに正確な情報が不足すると流言の発生につながる。

災害流言の基本類型として、ナップ（Knapp,M.L., 1944）は流言が充足する情緒的ニーズによって、ⅰ）人びとの抱く願望や希望を表現し、希望的観測の表明となる願望流言、ⅱ）人びとの恐怖心や不安から生じる恐怖（不安）流言、ⅲ）特定の個人や集団に対する敵意、憎しみ、攻撃心を表出する憎悪流言、の3種を指摘している。憎悪流言の代表例として、関東大震災時に流された「朝鮮人が井戸に毒を投げ込んだ」という流言が有名である。しかし、災害時に発生するのは、恐怖流言が多いという（廣井、1988）。

また、三上俊治（2004）は災害時に生じる被災者の情報ニーズとの関連によって、ⅰ）災害予知流言、ⅱ）災害因に関する流言、ⅲ）被害に関する流言、ⅳ）個人安否、治安状況に関する流言、ⅴ）救援、復旧に関する流言、に分類している。

1995年の阪神淡路大震災の後、NHKが行った調査では、出所のはっきりしない話（流言）を聞いたことがある人は78％に上り、その中で、「余震を含めた地震がまた来る」という地震予知に関するものを聞いた人が253人（64％）ともっとも多かった。それについで、略奪・盗難・空き巣・詐欺などに関するもので、144人（36％）であった。これは、ナップの分類でいう憎悪流言ではなく、恐怖流言に近いと考えられる。

(5) 流言伝播の要因

オールポートとポストマン（Allprot,G.W. & Postman,L., 1947）は、流言伝播の要因として、流言の「テーマの重要性」と「状況のあいまいさ」の2つをあげている。三上（2004）は、流言をコミュニケーションの一種と捉え、コミュニケーションモデルの中で流言伝播の要因を捉えている（図6-1）。

このモデルでは、地震の揺れなどの異常な事態が発生すると、それまでの状況定義を揺るがすことになる。すなわち、オールポートらの指摘する「あいま

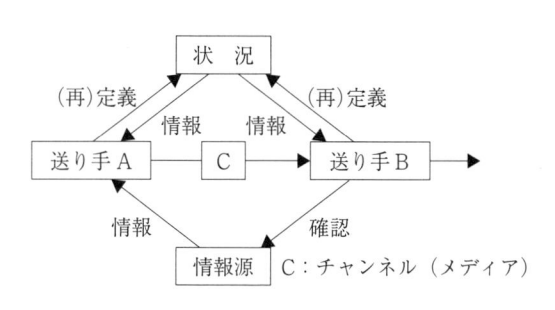

図6-1 流言伝播の要因関連図 (三上, 2004)

いな状況」が出現することになる。そして、状況を再定義するニーズが高まり、ニーズに合致した情報を求める。このとき、流言の内容がニーズに合致していれば、オールポートらの「テーマの重要性」という要因を満たすことになる。このようなとき、流言は受け入れられやすくなり、その流言に基づいて情報が再定義される。このとき、AがBと情報を共有したいと思い、BがAと同じ状況再定義をしていないと思えば、Aが送り手となって「情報源から得た情報」をBに伝達する。そして、BがAからの情報をそのまま信じるか、何らかの情報源でチェックしようとしたが、流言だとの確認に失敗した場合、BはAの情報を受け入れ、Aと同様の状況を再定義する。このとき、流言はAからBに伝播したといえる。このプロセスの中で、情報の変容が起きることは通常のコミュニケーションと同様である。流言伝播の要因としては、このプロセスの「情報源」「送り手」「チャネル」「メッセージの内容」「受け手」「状況」の各段階で考えられる。それらをまとめるとつぎのようになる。

信憑性の高い「情報源」からの情報は伝播しやすい。「送り手」となりやすいのは、日頃から情報通と考えられている人や自治会役員などの役割を持った人である。電話や携帯メールなどの通信メディアが「チャネル」として使用されたときには、広い範囲に速く伝播される。マスメディアが不明確な情報を流したときには、それを解釈する過程で内容が歪められ、流言の発生につながることもある。「メッセージの内容」については恐怖流言が伝播しやすく、それが情報ニーズに合致したとき、さらに伝播しやすくなる。「受け手」が流言の内容に関して強い関心を抱いている場合、また、不安が強い場合に流言を受け入れやすい。情報を吟味する批判能力は流言伝播の抑制要因として働く。「状

況」のあいまいさも流言の伝播を促進する要因である。また、情報が制限されていたり、正確な情報が提供されていない状況も流言の伝播を促進する。

　このような流言の伝播要因から、三上（2004）はつぎのような流言対策を提言している。第1に、信頼できる情報源で情報を確認したり、打ち消し情報を速やかに伝達すること。第2に、伝達するメッセージ内容は、誤解や曲解を生まないように、明確に分かりやすく伝えること、第3に、適切なメディアを通じて情報を伝達すること。適切なメディアとは、伝達過程での情報の歪み、変形が生じにくいという意味では、メール、新聞、ウェブなどの活字系メディアが考えられる。また、流言を打ち消すには、テレビ、ラジオ、防災無線など、速報性の高い電子メディアが適切である。第4に、情報をダブルチェックするなど受け手の情報リテラシーを高めること、第5に、情報システムを整備し、情報公開を促進することである。

(6)　災害時のパニック

　パニックの語源は、ギリシャ神話の半獣神"パン"だという。スメイサー（Smelser,N.J., 1962）は、パニックをヒステリックな信念に基づいた集団的な逃走行動としている。三上（2004）は、パニックは「生命や財産に対する直接的かつ切迫した危険を認知した不特定多数の人びとが、危険を回避するために、限られた脱出路に向かって一斉に逃走したり、希少な資源に向かって殺到することによって生じる社会的混乱」と定義している。

　多くの事例研究を行ったクアランテリ（Quarantelli,E.）は、パニックの特徴として、参加者に共通する心理的な特性を表す内面的特徴と、表面に現れた行動上の特性である外面的特徴を指摘している。パニックの内面的特徴は強い恐怖の感情である。パニックの参加者は生命、財産に対する直接的脅威を知覚し、しかも、その脅威がきわめて切迫し、すぐにも行動を起こさなければいけないと感じている。その結果、自分自身が一刻も早く危険から脱出することだけに注意を集中し、きわめて自己中心的に行動しやすくなる。外面的特徴としてはつぎの3点をあげている。第1に、危険から脱出する方向を目指して逃走行動

が起きる。第2に、平素の社会関係や役割期待を無視して行動し、社会的に期待される行動パターンが無視されるという非社会的性質を持つ。第3に、パニック的逃走は、与えられた状況下で実行可能な選択肢を比較考慮するという合理的意思決定を経たものではないので、合理的行動とはいえない。しかし、危険から逃げ出すという行為は、きわめて環境適応的であるため、非合理的ともいえないことから、〈没合理的（non-rational）〉であるとした。

　クアランテリらが国民世論調査センターや、オハイオ州立大学災害研究センターで行った数多くのフィールド調査で、災害時に上述のような特徴を備えたパニックに陥る事例がきわめて少ないことが示された。大きな危険に直面したときにはパニック状態に陥るという社会通念は災害場面では立証されていない。現実の災害場面では、人びとは危険な状況から脱出するより、そこにとどまろうとする傾向が強い。また、避難行動の大半は、他者から期待された社会的役割に準拠されて行われているので、非社会的性格を持つパニックとは、区別される。災害に直面した人の大部分は家族と一緒に避難し、互いに助け合うという避難行動の一般的特徴を示している。そして、もし災害状況でパニックが発生したとしても、きわめて局所的な出来事にとどまり、大規模な群集パニックに発展することはほとんどなく、持続時間もきわめて短い。

　パニック発生の条件として、広瀬（2004）は、つぎの4点をあげている。第1に、緊迫した状況に置かれているという意識が、人びとの間に共有され、多くの人びとが差し迫った脅威を感じていること。第2に、危険を逃れる方法があると信じられること。第3に、脱出は可能だという思いはあるが、安全は保証されていないという強い不安感があること、そのために、危険からの脱出には、競争原理が働いて、早い者勝ち、要領のよい者や力の強い者が有利であると考えること。第4に、相互のコミュニケーションが正常には成り立たなくなること、を指摘している。

　パニックを防ぐには、これらの条件のうち、いくつかが成り立たないようにすればよい。まず、危険の切迫度を強調しすぎないことである。しかし、パニックを恐れるあまり危険を過小に伝えたり、正しい状況把握のための情報を出し

渋ると、正常なコミュニケーションが行われなくなり、第4の条件を作り出すことになってしまう。つぎに、平常時から避難経路や非常口を分かりやすく表示し、いつでも利用可能であることをアナウンスすることで、第2、第3の条件を抑える効果がある。また、従業員が落ち着いて指示することで第4の条件を抑えることができる。

2　被災者の精神的ストレスと心のケア

(1)　災害の衝撃から回復までの個人と社会の様相

　災害の発生後をいくつかの時期に区分して、社会や個人の各時期の様相や変化を捉えようとする試みが数多く行われてきた。広瀬（2004）や若林（2003）はつぎのようにまとめている。

　① **衝撃期：**　この時期の長さはさまざまである。災害の衝撃に当たって、茫然とした驚愕状態に陥るが、この状態は長く続かない。すぐに緊急対応モードに切り替わる。緊急対応モードでは、生存が優先されるため、恐怖や不安など感情は停止状態になり、身体を緊張させ、身体活動性を増大させる。このような状態で、個人は他者の行動を模倣したり、自分や社会的弱者を守ったり、避難行動や情報収集行動を行ったりする。このとき、条件が揃えば、パニックが起きることもある。

　② **災害後のユートピア：**　緊張していた身体がゆっくりほぐれ、同時に心は抑圧から解放される。短い間、不安や恐怖はまだ抑えられている一方で、過酷な災禍を生き延びた人びとの間にほっとする気分と、一瞬の至福感にも似た喜びの感情を味わう。"多幸症段階""災害後のユートピア""蜜月期"などと名づけられている。広瀬（2004）によると、ユートピア段階を契機に災害時に特有の社会規範が誕生する。これは、被災者間に運命共同体意識があるため、個人の勝手な自由を抑えて平等化を図る規範で、愛他的行動が起きやすくなる。この規範は被災者の間に生き延びた強烈な喜びがあり、運命共同体意識がある

限りにおいて保持される比較的短命な規範（長くても1〜2週間程度）である。
　社会的には、この時期は人や救援物資、情報などが被災地に流れ込み、救援活動が行われる。
　③　回復期（幻滅期）：　災害からしばらくすると、生活という面ではある程度保障されるようになる。しかし、身体のエネルギーは枯渇して不活発になる一方で、心はそれまで抑圧していた反動で活発に動くようになるため、今まで、抑圧していた恐怖、悲哀や罪悪感などのさまざまな感情を感じるようになる。この時期に、衝撃時に抑圧されて十分に感じたり考えたりできなかった恐怖のシーンや不安がよみがえるフラッシュバックが起きる。また、災害後の数日から数週間の間に、何らかの心身の不調を感じることは一般的である。広瀬（2004）はそれを〈災害症候群〉と呼んでいる。1977年の有珠山噴火の直後には、76％の人が「疲れやすい」「頭痛がする」「胃が痛む」「心臓の具合がおかしい」「持病が悪くなった」などの心身の不調を訴えている。
　災害直後の災害症候群では、身体面、知的能力、感情面での症状が現れる。身体面には、「何となく落ち着かない」「寝つきが悪い」「全般的な活動力の低下」「激しい疲労感」「胃腸の具合が悪い」「頭痛」などが含まれる。知的能力では、「集中力が低下する」「論理的に考えたり合理的な意思決定ができなくなる」「記憶が混乱する」などの症状が現れる。感情面では、「過度の恐怖感」「不安感」「社会から切り離された孤独感」「行き場のない怒り」「抑うつ的な気分」「すべてのことに麻痺したような無感動」「自信をなくした無力感」「自分の身代わりとして他の人が死んだり傷ついたという罪の意識」などが現れる。これらの症状は、災害の発生後、数週間で軽減するのが一般的であるが、中には、数ヶ月、数年経過しても災害の経験が心的外傷（トラウマ）となり、その人の精神生活に大きな影響を及ぼすことがある。これを〈心的外傷後ストレス症候群（PTSD）〉と呼ぶ。PTSDについては後述する。
　④　再建期：　より安全な環境になるように、道路や建物、河川などの改良が行われる。生活という点でも、心身ともに落ち着き、辛い災害体験に圧倒されなくなり、それを乗り越え、新たな人生の意味を見出し、人生を再建してい

くことができるようになる。しかし、災害の再発生に関する不安や抑うつ状態が続くことがあったり、生活がある程度落ち着いてから、心理的・精神的問題が生じることもある。

　災害は、社会システムの変容をもたらす外的要因となり得る。大胆なスクラップ・アンド・ビルドは平常時には難しいが、災害によって可能になり、社会システムの効率化をもたらすことにもなる。被災した社会が旺盛な活力を持っている場合は、災害によるこのような側面を利用して、破壊からの回復も容易であり、以前にも増した発展と繁栄をすることもある。しかし、社会の活力がそれほど強壮でもない場合は、外見上は災害から回復、復興したように見えても、以前に担っていた都市機能や社会的機能を失う場合が多い。社会の活力が乏しい場合は、災害によってその社会が解体したり、瓦解することになる。

(2)　災害後の心的外傷後ストレス症候群（PTSD）

　自分自身や親しい人の生存が脅かされるなどの過酷な経験をして、強い恐怖や無力感、戦慄を感じた場合、その経験は心的外傷（トラウマ）となり、その人の精神生活に大きな影響を与える。大きな災害や突然の事故に巻き込まれたり、子どもの頃の虐待の経験や親や兄弟姉妹が暴行を受けるのを目の当たりにするなどの経験もトラウマとなり得る。

　PTSDの症状はアメリカ精神医学会の『DSM-Ⅳ　精神疾患の診断・統計マニュアル』では、ⅰ）外傷的な出来事の再体験（自分では拒否し、排除しようとしても、外傷性記憶が繰り返し意識の中に侵入したり、夢に見たりする等）、ⅱ）外傷と関連した刺激の持続的回避と全般的反応性の麻痺（外傷と関連した思考、感情、会話を回避したり、外傷を想起させる活動、場所、人物を避けようとする、また、他の人から孤立しているという感覚、重要な活動への関心の衰退等）、ⅲ）持続的な覚醒亢進症状（過度の驚愕反応や警戒心、集中困難、刺激に対して過敏になり、怒りを爆発する等）、の3種の症状をあげている。これらの症状が1ヶ月以上続き、臨床的に著しい苦痛、または、社会的、職業的、あるいは他の重要な領域における機能の障害を引き起こしていることがPTSD

の診断基準である。

　戦闘経験のある兵士、地震や火災の被害者、レイプや虐待などの犠牲者を含めた多くのケースで、3％から58％の人がPTSDの症状を示しているという。災害の後にもPTSDが高率で発生する。たとえば、1995年1月17日午前5時46分に発生した阪神淡路大震災では死者は6,400人を超えた。広瀬（2004）は、この震災の1年8ヶ月後の1996年9月、3年6ヶ月後の1998年7月に仮設住宅に残っていた被災者を対象にPTSDについてアンケート調査を行った。さらに、被災から4年7ヶ月後の1999年8月には、被災者のための定住用に建設さ

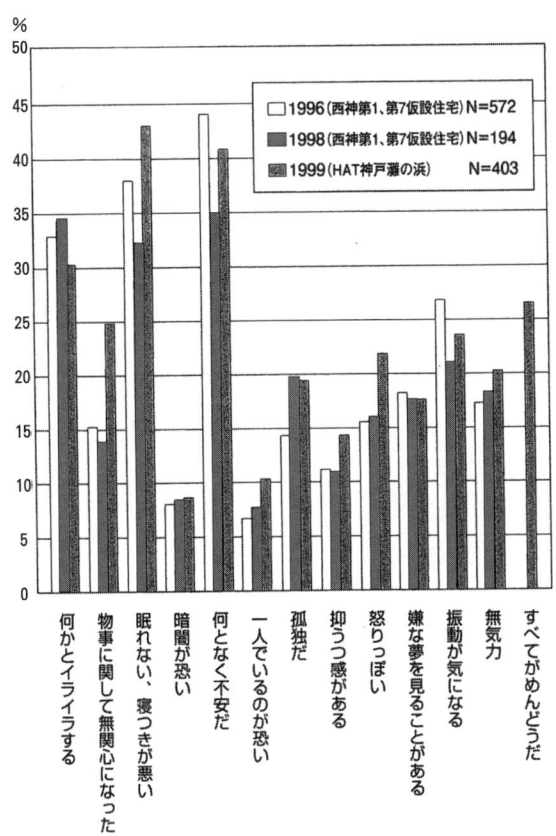

図6-2　阪神淡路大震災被災者のPTSD調査結果
(広瀬, 2004)

れた高層団地で同様の調査を行った。図6-2は、各項目に回答した被災者の割合を示したものである。これらの症状を1つだけ抱えていても、PTSDとはいえない。しかし、地震後4年を過ぎても「何となく不安」「眠れない」「いらいらする」などは3割を超える人が経験している。

2004年10月23日に発生した新潟県中越地震の1年後、県の教育委員会が被災地の小中学生約7万2,000人とその保護者を対象に心の健康調査を実施した。このうち、約1.6%の1,150人に臨床心理士によるカウンセリングが必要という結果が報告された。

このようなPTSDなどの症状は災害によって生じた喪失体験の有無によって左右される。阪神淡路大震災の約半年後、「こころのケアセンター」が設立され、97年3月31日までに受理した1,956件の相談内容をまとめている。PTSDの症状を示しているのは、相談件数のうち2.5%であるが、家屋を喪失した人では4.5%、同居の家族を喪失した人では13.1%、家屋、同居の家族の両方を喪失した人では13.7%と、喪失体験を持つ人が高率となっている。若林（2003）が北海道南西沖地震の1年後と4年後に奥尻島青苗地区の住民に行ったアンケート調査でも同様の結果を得ている。表6-1に示すように、不安や抑うつと関連する身体症状である疲れやすさ、不眠、頭痛、食欲不振の症状は、家族と死別している人に高率であった。震災4年後の調査においても、頭痛、不眠、疲れやすさなどの問題を抱えている。

このような症状は、被災者のみならず、救援を行った人やボランティアなどにも現れる。阪神大震災後に設立された「こころのケアセンター」では、震災の約1年後に兵庫県内の消防職員にアンケート調査を行い、4,780人から回答

表6-1 北海道南西沖地震における奥尻島住民調査
死別体験と被災1年後と4年後における健康状態

(若林, 2003)

	被災1年後				被災4年後			
	全対象者 N=263	死別なし N=162	親戚と死別 N=82	家族と死別 N=18	全対象者 N=263	死別なし N=162	親戚と死別 N=82	家族と死別 N=18
疲れやすさ	41.1%	37.0%	42.7%	66.7%	41.4%	34.1%	53.8%	42.2%
不眠	25.1%	20.4%	31.7%	38.7%	18.3%	13.6%	20.5%	26.7%
頭痛	16.0%	13.6%	17.1%	33.3%	18.6%	12.9%	24.4%	28.9%
食欲不振	8.7%	7.4%	7.3%	27.8%	4.9%	1.5%	6.4%	11.1%

を得ている。被災地で救援活動に当たった消防隊員の多くが、自らの生命の危険を感じたり、消火や生存者の救出を断念せざるを得ないほどの困難な状況に置かれ、遺体の搬出などの悲惨な光景などを体験し、肉親の安全に対する不安や住民からの苦情などによって、大きな精神的ストレスを感じていた。GHQ（精神健康調査票）で心身の健康面で問題ありとされる総得点8点以上の者の割合は、被災地内から救援に当たった隊員では29％、早期に被災地外から派遣された隊員では18％、後期に派遣された隊員では14％であった。被災地内で、みずからも被災者でありながら救援に当たった隊員がより強い精神的ストレスを受けていることが示されている。こうした職業的災害救助者が出場した現場で被るストレスを〈惨事ストレス（critical incident stress）〉という。

(3) 災害時の愛他行動

　愛他行動とは、自己の利益を図るためではなく、他者の利益のために援助する行動をいう。災害時には、先述した非常時規範の下で愛他行動が活発化する。被災者の中で被害の少なかった人が大きな被害を受けた人を助けるなどの行動が見られる。1983年の日本海中部地震では、遠足に来ていた小学生43名が津波にさらわれて流された。このとき、繰り返し襲ってくる津波の中を、近くにいた猟師たちが自身の危険を冒してまでも、流された子どもたちの救出活動を行っている。

　非常事態でも援助行動が起きないことがある。1964年3月のある夜遅くニューヨークのクイーンズ地区で帰宅途中のキティ・ジェノビーズという女性が刺殺された。このとき、彼女の叫び声を聞いて窓から顔を出した人は38人もいた。しかし、誰1人として助けようとする人も警察に通報する人もいなかった（55頁参照）。この事件がきっかけとなり、ラタネとダーリーを中心とした〈傍観者効果〉の研究が行われるようになった。ラタネとダーリーは、個別に仕切られたブースの中でマイクを通して討議を行う状況で、実験協力者のサクラが突然発作を起こして反応がなくなるという状況を設定した。サクラが発作を起こしてから被験者が援助を行うためにブースを出るまでの時間が測定された。この

実験を2人、3人、5人のグループで行うと人数が多くなるほど、行動開始までの時間が長くなることが示された。これは、自分と同じ状況に置かれた他者が他にも大勢いると、自分がやらなくても誰かがやるだろうという責任の分散が起きたためと考えられる（57頁参照）。広瀬（2004）は、災害時には非常時規範の下で、〈暗黙の指名効果〉が働くため、責任の分散が起こりにくいと考えている。暗黙の指名効果とは、被災者が救援者を指名して救助を依頼する場合には愛他的な救援活動が起こりやすくなるが、災害場面などでは明確な指名が行われなくても、暗黙のうちに自分が指名されたような意識が働くことである。日本海中部地震で津波によって沖に流された小学生を目の当たりにした猟師たちは、この小学生たちが自分たちを名指しで「助けてください」と頼んでいるように感じたであろうし、助けることができるのは自分たちだけであると自覚していたと思われる。このような状況では、責任の分散が起きないのである。

　このような状況で、被災地の内外から自ら進んで救援活動を行うボランティアが被災地で活躍する。阪神淡路大震災の起きた1995年は日本のボランティア元年といわれている。地震発生後3ヶ月間のボランティア参加者は、延べ人数で117万人に達したといわれている。さまざまな問題も指摘されたが、ボランティアは被災者にとっては大きな援助と励ましとなり、ボランティア自身にも〈自己効力感〉をもたらした（32頁参照）。

3　流　　行

(1) 流行の種類

　流行は日常用語としても使用され、社会心理学の中でもさまざまに定義されてきた。川本勝（1981）はさまざまな流行の定義を統合し、「流行は、社会の共用する範囲内で、社会生活を営む個々人の新しい社会的行為が他者との間において影響しあいながら、新しい行動様式、思考様式として社会や集団のメンバーに普及していく過程であり、その結果、一定の規模となった一時的な集合

現象である」としている。集合現象というのは、個人の自発的意思に基づいた行動が、特定の条件の下で当事者の意図とは直接関係なしに相互に影響しあい、広範囲に波及し伝播して、それ自体まとまりのある社会現象、方向性を持った社会過程となった現象である。流言やパニックなども集合現象の1つと考えられる。

日本語の流行は、英語ではファッション（fashion）、モード（mode）、スタイル（style）、ファッド（fad）、クレイズ（craze）、ブーム（boom）、など使い分けられているものを含む。このような流行を分類する試みは数多くあるが、南博（1957）は、流行の内容によってつぎの3種類に分類している。

① 物の流行： 衣食住に関する物質的な媒体が流行の土台となる。商品としての販売を伴い、企業による宣伝の力を借りて成立する。

② 行為の流行： ゲーム、スポーツ、遊び、趣味など。

③ 思想の流行： 流行歌、ベストセラー、流行哲学など、広い意味での大衆の考え方、感じ方から、専門的な諸思想まで、人間の精神的な過程とその産物に関する一切の流行。

(2) 流行の特質

鈴木裕久（1977）は、流行の特徴として、ⅰ）新奇性、ⅱ）効用からの独立（本来持っている客観的、物理的効用から独立して生起）、ⅲ）短命性・一時性（一定の期間を経た後消滅する。消えることなく定着したものは、〈慣習化〉〈常用化〉と呼ぶ）、ⅳ）瑣末性（人間生活の本質には関係ない些細なことをめぐって生起）、ⅴ）機能的選択肢（強制的選択の結果ではなく、ある選択群の中から特定のものが選択される）、ⅵ）周期性（スカートの丈などは周期性が見られるが、周期性のない流行も指摘されている）、をあげている。

このような特徴を持った流行を個人が取り入れる場合の動機としては、ⅰ）自己の価値を高く見せようという動機、ⅱ）集団や社会に適応しようという動機、ⅲ）新奇なものを求める動機、ⅳ）個性化と自己実現の動機、ⅴ）自我防衛の動機、が考えられる。実際の流行はこれらのいくつかの動機の複合によって

成立する。

(3) 流行とマス・コミュニケーション

川本（1981）は、マス・コミュニケーションが流行に及ぼす作用としてつぎの3点を指摘している。

① **流行の成立をうながす作用：** マス・コミュニケーションは、新しい行動様式や思考様式の存在を情報として人びとに提供する。マスコミによって提示された流行の存在を人びとは無視できず、マスコミは流行成立の基盤を形成する。

② **流行の普及を促進させる作用：** マスコミは新しい様式についての最新の情報を提供するだけでなく、それが実際に採用されている様子も描き、新しい様式の採用や適用の仕方を知らせる。「トレンディ・ドラマ」の中で生活の新しい様式や手段が用いられている様子が描かれ、それがモデルとなるケースなどがその例である。"ライフスタイル提案型のCM"は、このことを意図的に行っている。

③ **流行を衰退させる作用：** マスコミはつぎからつぎへと新しいものを提示する。それは、既存の流行を「古いもの」「時代遅れのもの」に変えていくことで、結果的にそれまでの流行の廃棄を迫ることになる。「流行の普及を促進させる作用」と表裏一体の作用である。

これに対して、南（1957）は、マス・コミュニケーションの発達が流行に与える影響として、つぎの3つをあげている。

① **流行の民主化：** マスコミによって流行は迅速かつ広範囲に社会のあらゆる階層に伝えられる。これによって流行の階級性は薄められ、流行の民主化という事態が生まれる。

② **流行の短命化：** 前述のように、つぎからつぎへと新しい流行が提供されることにより、1つ1つの流行の寿命が短くなる。

③ **流行の立体化現象：** マスコミの1つのメディアに乗った流行が、他のメディアに乗ることによってますます拡大する。このマスメディア間の相乗作

用による流行の強化・拡大の作用を意図的に利用したのが〈メディア・ミックス〉である。

(伊坂裕子)

〈参考文献〉

池内　一編『講座社会心理学　第3巻　集合現象』東京大学出版会、1977
市川孝一『流行の社会心理史』学陽書房、1993
廣井　修編著『災害情報と社会心理　シリーズ・情報環境と社会心理7』北樹出版、2004
広瀬弘忠『人はなぜ逃げおくれるのか』集英社新書、2004
山村武彦『人は皆「自分だけは死なない」と思っている―防災オンチの日本人―』宝島社、2005

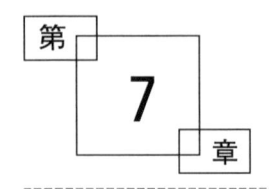

第7章 社会的パーソナリティ

　人間は社会の中で生きており、1人の人間のパーソナリティを考えるときも、社会的文脈の中で考えることが大切である。社会心理学の中では、パーソナリティは2つの方向で扱われている。1つは、パーソナリティが社会的行動に与える影響、すなわち、独立変数としてのパーソナリティの要因が研究されている。2つめは、パーソナリティの形成と社会的要因や社会的環境との関連についての影響である。本章では、パーソナリティ形成に関わる社会的・環境的要因を取り上げ、パーソナリティの社会的側面を論じる。

1　文化とパーソナリティ

　パーソナリティ形成に関する社会的・環境的要因の大きな枠組みが文化である。文化とパーソナリティに関する考え方は、20世紀前半の文化人類学者の研究に始まり、活発に研究されてきたが、近年、「文化とパーソナリティ」に関する考え方が初期の文化人類学的考え方から大きく変化している。

(1) 文化とパーソナリティ論

　① 　心的単一性の仮説と文化相対論：　19世紀後半、"人類学の父"といわれるタイラー（Tylor,E.B.）は、文化を「社会の成員がその一員として習得し共有している行動の総体（知識、信念、芸術、倫理、法律、習慣、その他の能力、習性などの複雑な総体）」として定義した。そして、人間の心的過程はすべて共通であるという心的単一性の仮説に基づいて、すべての文化は同じ進化の段

階を通過するという〈文化進化論〉を提唱した。この考え方では、民族間に見られる多様性は各民族が到達した進化の段階の違いとして理解される。

一方、ボアーズ（Boas,F.）は、文化を個々の集団を特徴づける属性と考えた。そして、確実な民族誌的事実の収集を強調し、文化の記述は、ただ特性を並べあげるだけでは不十分で、それが固有の形で統合されていることを認識することが重要であるとした。これは〈文化相対論〉と呼ばれている。この考え方は、人間の心的過程は性や人種などの生物学的要因ではなく、文化的要因によって決定されるという〈文化決定論〉を内包していた。ボアーズの学生であったミード（Mead,M.）やベネディクト（Benedict,R.F.）が1930年代に活躍し、この文化決定論をそれぞれ発展させた。

② **文化決定論**：　ミードは文化決定論の正当性を証明するため、南太平洋の島々で3つの未開社会の調査を行い、社会行動の差異や幼児・児童のしつけ行動の違いに注目した。そして、そこに表れる文化差が、それぞれに異なったパーソナリティを作ると結論した。たとえば、アラペシュ族は過保護に育てられ、攻撃性を抑えて育つので、男女とも女性的な性格になるが、ムンドゥグモール族では首狩りが盛んで、勇猛性を強調して育てるので、男女とも男性的になる。また、チャンブリ族では男が細工物、女が漁業を行い、経済的決定権は女にあるので、男女それぞれの性格が西欧社会とほとんど逆になるという。このように、ミードは男女の性格の差が生物学的差異に基づくとした通説を覆し、文化によるパーソナリティ形成の実例を示した。しかし、ミードの研究は、のちに限られた事例から過大な一般化を行ったとして批判を寄せられた。

文化が固有の形で統合されていることをもっとも強調したのは、ベネディクトである。ベネディクトはゲシュタルト心理学をモデルとして、文化を個々の構成要素の総和ではなく、特定の統合形態を持った統一体として捉えるべきだという文化の〈統合的形態論〉を提唱した。彼女は各民族の民族誌のデータを総合して、そこに見られる行動の型を「文化の型」として捉えた。そして、文化の型はその中で社会化される個人を文化のレプリカに作り上げると仮定した。ベネディクトはのちに『菊と刀』で日本人の国民性を論述したことでも知ら

る。

③ **基本的パーソナリティ構造**： ボアーズらの理論では、文化の型と個人のパーソナリティの同型性が仮定されていながら、文化の型によってパーソナリティの型が形成される過程が明らかにされていないという問題があった。そこに登場したのが、精神分析的幼児決定論の立場から「文化とパーソナリティ」を論じたカーディナー（Kardiner,A.）とリントン（Linton,R.）である。

カーディナーは新フロイト派の精神科医であるが、人類学者のリントンらと共同でセミナーを開いた。そして、人類学者たちの提供する民族誌的資料に基づいて独自のパーソナリティ形成に関する理論を形成した。カーディナーとリントンは、1945年に出版された本の中で、文化が基本的パーソナリティ構造を形成するという理論を展開している。彼らは、育児慣行に関わる制度を１次制度と呼び、これは個人の心理・性的発達の諸段階にとって根本的・永続的な影響を持つとした。同一文化で１次制度は基本的に共通しているので、成員の間には類似した性格特徴が見られ、それを〈基本的パーソナリティ構造〉と呼んだ。そして、この基本的パーソナリティ構造は、宗教的観念や儀礼行動、神話や民話の主題に投影され、この投影によって生み出される信念や情動の体系を２次制度と呼んだ。すなわち、１次制度が個人の幼児期に作用して基本的パーソナリティ構造を形成し、それが投影によって２次制度を作り出し、維持するという図式を考えた。

④ **モーダルパーソナリティ**： カーディナーらの基本的パーソナリティ構造は、文化の観察によって推論されるもので、直接観察できるものではなかった。カーディナーらと前後して、デュボア（Dubois,C.）は測定可能な〈モーダルパーソナリティ〉という概念を用いた。彼は基本的パーソナリティ構造の理論に基づきながら、民族誌的諸事実を収集するとともに、ロールシャッハや描画法等の投影法による心理検査を独立に実施した。投影法による結果は、専門家によるブラインド・アナリシスにかけられ、それが民族誌的事実から推測された基本的パーソナリティ構造ときわめてよく一致していることを示した。これ以後、標準化された心理検査（主に投影法）を用いて、直接パーソナリティを測定し、

その集団にもっとも多く見られるパーソナリティ（モーダルパーソナリティ）を求めるという方法が一般的になった。これにより、文化の型を特定し、それに対応する基本的パーソナリティ構造を考えるという文化学的考え方から解放されることになる。その結果、モーダルパーソナリティの研究は文化的諸変数と独立して心理的枠組みの中だけで行われるようになった。

しかし、最頻型をもって集団の代表と見なすということは、パーソナリティは集団の中である程度の幅を持って分布しており、必ずしも均一ではないということを意味している。また、主に投影法を用いることによる方法論上の問題などが批判されるようになってきた。

第2次大戦後、このようなさまざまな地域の特定の社会が共通して持っているパーソナリティの型を探求することに関心が寄せられるようになった。

⑤ **社会的性格：** カーディナーやリントンと同時期に、新フロイト派のフロム（Fromm,E.）は、社会が中世から近代資本主義社会に移行する過程で、個人の心的傾向も近代資本主義社会に適合するよう大きく変化したことを分析した。彼は、「同一文化をもつ成員の大部分に共有される性格構造の中核」を〈社会的性格〉と考えた。そして、ある文化の社会構造の全体がその社会で要求される性格型を形成し、人間はその要求に調和することによって社会的性格を発展させると考えた。彼は、第1次大戦後のドイツにおけるナチスの台頭を説明するのに、当時の社会的性格が権威主義的であったと考察している。

(2) 文化とパーソナリティ論への批判と最近の研究動向

① **文化とパーソナリティ論の衰退：** 初期の文化とパーソナリティ論の問題は、文化内の個人差をあまり考慮に入れなかった点にある。そして、第2次大戦後、特定の文化に見られる「共通性格」の型と育児様式や生活様式など文化との関係を分析する研究が主流となった。その結果、複雑な近代国家の問題もきわめて安易な単純化した形で、国民の共通の心理として論じる風潮に陥ってしまった。また、パーソナリティの測定として主に投影法を用いたという方法論上の問題もあり、次第に「共通性格」の研究は行われなくなってきた。

② **文化とパーソナリティの相互関連性：** 文化とパーソナリティ論に対する批判が高まると同時に一方では、文化が個人の行動やパーソナリティに与える影響について関心を高める社会心理学者や精神医学者たちが登場し、それまで、文化人類学者を中心に行われていた文化とパーソナリティ研究が多様な学際的分野を包括する研究へと発展することになる。星野は文化とパーソナリティ研究を図7-1のように、他の学問分野との関連で位置づけている。

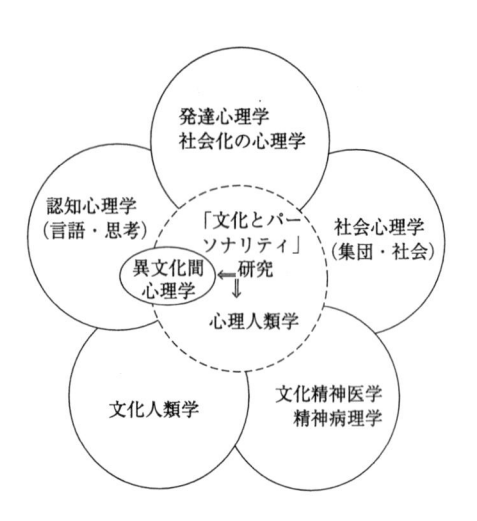

図7-1 「文化とパーソナリティ」研究の位置づけ

(星野、1984)

初期の文化とパーソナリティ論では、独立変数としての文化的諸条件が従属変数としてのパーソナリティに影響を与えるという図式で研究されていた。しかし、最近では、文化とパーソナリティの関係として、因果的ではなく、相関的な関係を仮定している。コール（Cole, M.）は1970年代からカリフォルニア大学で人間認知比較実験室を主宰し、心の発達における文化の役割を重視する発達の〈文化心理学〉を提唱している。その中で、彼は心と文化の相互関連を強調している。また、北山忍、マーカスらはコールらにも刺激を受け、文化の集合的要素と心理的プロセスや構造との相互構成過程に注目する独自の文化心理学を提唱している。

③ **文化心理学の視点：** 文化心理学では、心と文化の相互関連性に注目している。そして、文化を研究する上で、従来の比較文化的視点だけではなく、あらたに固有の文化を研究する方法を模索する。

文化を研究する視点として、エティックな立場とエミックな立場が区別されてきた。エティックな立場というのは、外部から特定の行動を研究する考え方

であり、他の文化で妥当性の確認されている研究道具や観察方法を特定の文化に持ち込み、比較を可能にする見方である。エミックな立場というのは、特定の文化システムの内部から行動を研究する考え方で、その文化の中で生まれた研究道具や観察方法を用いて、その文化を記述する立場である。文化の研究では、このエミックな視点とエティックな視点の両者の視点を融合させながら研究することが重要である。

　しかし、長い間、西欧で開発された研究方法や観察法を異文化である日本など非西欧諸国に適用することに疑問を持たず、エティック的な視点で異文化を比較する姿勢がとられてきていた。西欧、とくに北米で開発された測定道具を使用し、同一の物差しを使用してそこに現れる反応の分布や平均値を比較する方法がとられてきた。同時に、北米で提唱されている理論的枠組みを異文化にも適用し、その枠組みの中で心理的特徴を比較する研究が進められてきた。文化心理学では、文化と心の相互関連性を仮定するので、文化が異なれば同一の物差しでも意味が異なる点を指摘し、従来の比較文化的方法だけでは不十分であると論じている。

　④　**自己観**：　このような流れの中で、それぞれの文化には文化に固有の人間観や自己のあり方が存在することが強調されるようになった。とくに、西欧社会と非西欧社会の相違が注目されている。西欧社会では、人間は周囲と明確に区別された独立した存在であるが、非西欧社会では人間は必ずしも周囲と明瞭に区別された独立的な存在とは見なされていない。そのため、1人の人間を記述する際にも、西欧社会におけるように、一般的なパーソナリティ特性（外向的、内向的など）により記述されるわけではない。このような人間観や自己のあり方の違いは、多くの研究者に認められるようになってきた。中でも、マーカスと北山は、西欧の〈相互独立的自己観〉と、日本など非西欧の〈相互協調的自己観〉という考え方を提唱し、独自の理論を展開している（34頁参照）。

　このような西欧的自己と非西欧的自己を対比させるという見方に対する批判も出現している。たとえば、スピロ（Spiro, O.）は、自己という語の定義があいまいでしばしば混乱が見られること、また、アフリカ、アジアなど多様な地

域をすべて非西欧文化としてひとまとめにして考えていることに批判的である。

(3) 個人主義と集団主義

　1970年代から現在まで、もっとも広く用いられている文化を特徴づける基本的な次元として、「個人主義」対「集団主義」が使用されてきた。これは、個人主義と集団主義を両極とし、地球上に存在する文化を規範や習慣などから、どちらをどれほど重視するかによって、この次元上に位置づける考え方である。最近では、マーカス、北山らの文化心理学が指摘する自己観の違いと対応させて考える場合も多い。

　個人主義文化の代表は、北米などで、集団や他者と切り離された個人が尊重され、人の差異を強調し、個人的達成や自己主張が重要となる。個人主義文化では、ⅰ）独立的自己観を持ち、ⅱ）個人的な目標を重視し、ⅲ）交換理論による関係維持を重視し、ⅳ）社会的行動においては自分の態度を重視する。集団主義文化の代表は、日本など東洋で、より状況依存的で、集団や他者との関係の中で自己を捉え、個人的な達成よりも、むしろ自己の所属する集団の達成や協力が重要となる。集団主義文化では、ⅰ）相互協調（依存）的自己観を持ち、ⅱ）個人的な目標より内集団の目標を重視し、ⅲ）交換理論による関係維持よりも集団の関係を重視し、ⅳ）自分の態度より規範を重視する。

　この枠組みに沿って、多くの研究が報告されている。たとえば、「私は……」という書き出しで20個の自己記述を書かせる方法で、自己概念のあり方を知ることができる。この方法は多くの研究者によって使用されているが、トリアンディス（Triandis, H.C.）によると、「私は長男だ」「私は学生だ」などの社会的グループやカテゴリーが記述される割合は、アメリカの大学生は19％、ギリシャの学生は15％、香港の学生は20％、中国人の学生は52％であった。集団主義文化の中での自己は、関係性の中に埋め込まれた形をとることがうかがえる。これは、個人主義文化の中の自己が比較的普遍の内的特性（人格特性や能力）によって定義されているのと対照的である。

　また、サンプソン（Sampson, E.E.）が、アメリカの心理学が個人主義によっ

て影響されていることを指摘しているように、社会心理学の研究そのものも文化による影響を受けていることが考えられる。従来のアメリカ主導の社会心理学で得られていた知見が、必ずしも日本など集団主義的文化の中では適用できないというさまざまな例が報告されてきた。個人主義と集団主義という文化の差や、それに伴う自己のあり方の違いがこのような文化差の背景にあると考えられている。たとえば、モーリスとペン（Morris,D. & Peng, 1994）は、刺激として魚の群の離合集散のアニメーションを使用し、魚の行動の原因帰属に見られる文化差を報告した。アニメーションに現れるすべての魚は同じ大きさで、1匹の魚が群から離れていったり、合流したりする。アメリカ人と中国人の高校生に、この魚の行動の原因を推測させた。その結果、アメリカ人は、魚の行動の原因として「おなかがすいていて、食べ物を探しに行った」などの内的属性（魚の意図等）への帰属が中国人より高かった。一方、中国人は「他の魚に追いかけられている」など外的要因（群全体の状況、他の魚の影響）の帰属が、アメリカ人より高かった。他者の行動を観察したとき、実際以上に内的要因に帰属する傾向は〈帰属の基本的錯誤〉として広く知られているが（40頁、121頁参照）、このような帰属の傾向も西洋文化の影響を受けている可能性がある。

　このような文化が個人に影響を与える過程として、ホンやチウら（Hong,Y. & Chiu,C.）は、文化は具体的なトピックの意味的ネットワークという形で、個人の中で内面化されており、それらは、個人の中でアクセス可能なとき、認知的枠組みとして個人の社会的認知に影響を与えるという認知的なモデルを考えている。ホンらは、香港で中国文化とイギリス文化という2つの文化の中で育った学生を対象に、モーリスとペンの魚の行動の帰属実験を用いて、この考え方を端的に示している。彼らは、被験者を3群に分け、6枚の写真を見せ、それぞれの特徴を表す形容詞を考えさせた。その後に別の実験と説明して、モーリスとペンの用いた魚の絵を見せ、1匹の魚の行動を帰属させた。事前に見せた写真は、アメリカ文化群は、星条旗や、スーパーマン、ホワイトハウスなど、中国文化群は、国旗や、中国人のオペラ歌手、中国の国会議事堂などであった。統制群では、幾何学図形を示し、影をつけさせた。この実験で、アメリカ文化

群は、中国文化群に比べて魚の行動を内的要因により高く帰属し、中国文化群は、アメリカ文化群に比べて外的要因に帰属することが示された。写真の特徴を考えることで、その写真に関連する意味的ネットワークが活性化し、それを含む文化的意味システムが認知的枠組みとして使用されやすくなったと考えられる。そのため、その文化の特徴的な帰属様式を示したと考えられる。文化は個人の中で認知的枠組みとして働くのである（41頁参照）。この考え方では、文化によって異なる個人の特徴は、パーソナリティ特性というより、認知的な枠組みの違いであると考える。ある文化の中で生活している場合には、個人の中でその文化の認知システムがアクセスしやすくなっているため、文化的な認知の仕方や行動の特徴が出現すると考える。

(4) パーソナリティの5因子論による比較

最近になって、パーソナリティ研究の分野では、さまざまなデータを用いてさまざまな文化で繰り返し観察される5因子が報告されている。この5因子の名前は統一されていないが、この5因子を測定するNEO-PIでは、1）傷つきやすさや感情の不安定さなどの「神経症的傾向」、2）社交性や活発さなどの「外向性」、3）知的な側面を含めた「開放性」、4）やさしさや協調性などの「調和性」、5）良心性や勤勉さなどの「誠実性」、と名づけている。これらの5因子はエミック的な視点から見ても、各文化の中で意味のあるパーソナリティの5因子ということができる。この5因子を測定するNEO-PIという質問紙も複数の文化の中で妥当性が検討されてきた。マックラエとテラシアノ (McCrae,R.R. & Terracciano,A., 2005) は、この質問紙を用いて51の文化において、大学生を対象にその文化の中で生まれ育ったよく知っている人を評定させた。各文化で106名から919名、合計12,156名の学生が協力した。文化ごとに5因子の平均値を求め、多次元尺度構成法という方法を使用して、各文化の相対的な位置を求めると図7-2のようになった。縦軸は、ほぼ神経症傾向と一致し、横軸はほぼ外向性と一致する。すなわち神経症傾向と外向性の組み合わせで各文化における平均的なパーソナリティを位置づけることができる。この研究で

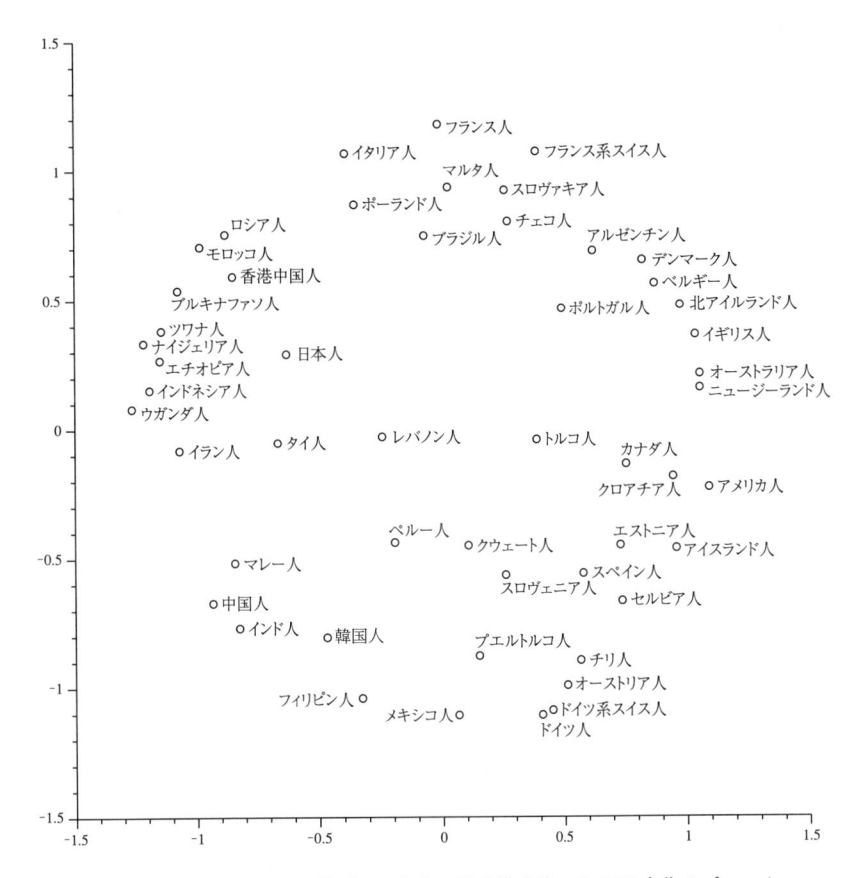

第 7 章 社会的パーソナリティ　155

図7-2　NEO-PIの得点に基づいた多次元尺度構成法による51文化のプロット

※　縦軸は神経症傾向、横軸は外向性とほぼ一致する

(McCrae & Terracciano, 79 Members of the personality profiles of cultures project, 2005)

は、平均値を用いて各文化におけるパーソナリティの5因子の分布を文化集団ごとに比較するという考え方で行われ、その文化の中の最頻値をとるモーダルパーソナリティという考え方とは異なる。各文化における調査協力者が、その文化の代表とみなしてよいかどうかという問題も残るが、多くの文化において妥当性の確かめられている共通する5因子を用いて、文化集団ごとの分布の違いが相対的に示されたことは注目に値する。なお、この調査ではほとんどの文

化で上述のほぼ共通する5因子を得ることができ、パーソナリティ構造の普遍性が確かめられている。

2 異文化適応

現代社会においては、人は生まれ育った文化とは異なる文化の中で生活したり、異なる文化に育った人たちと一緒に仕事をしたりなど、異文化との接触が不可欠になってきた。このような異文化への「適応」を考えるとき、相手国文化の人びとと同じように生活できなければ、異文化不適応と考えて、身体的、心理的症状が出現すると考える立場がある。この立場では、相手の文化へ染まることが強調され、異文化接触で体験する問題を個人内の対処可能な問題と捉える。

しかし、国際化、多文化社会の進む中では単に相手の文化に同化することが求められているのではなく、自文化か異文化かという枠を超えた新たな世界観を持った人間が要求される。異文化接触体験がその人の人格全体に影響を与え、文化相対的視点を確立する機会となる可能性がある。このような世界観を持つ人間は、一文化の中で育った人間とは、話す言葉の数や異文化体験の頻度などの外見的な問題ではなく、ものの見方と世界観が異なっていると考えられる。

一般的に、異文化に接触すると短期間の多幸症的時期を経過した後、カルチャーショックを経験し、その後、新しい異文化の側面を取り入れ、その社会で活動し始める。そして、最終的に精神的に安定した状態に至ると考えられている。それぞれの段階が出現する期間・強さなどは個人によって異なる。

カルチャーショックとパーソナリティとの関係では、カルチャーショックを起こしにくいパーソナリティ特性のリストが研究され、何種類ものリストが作成されてきた。それらは大まかには一致しているが、結果の一貫性に欠ける部分がある。稲村博は、異文化へ適応しやすい一応のパーソナリティはあるが、状況によって異なることを指摘している。

一方、異文化接触における成功の要因として、個人のパーソナリティ特性よ

りも、コミュニケーション能力や、〈統合的関係調整能力（自分をとりまくさまざまな関係を調整したり、コントロールしたりする能力）〉を強調する立場がある。このような能力やスキルも広義ではパーソナリティと考えられるが、個人と環境のダイナミックな関係に注目しているといえよう。

先述したホンラの文化を認知的枠組みと考えるモデルでは、異文化適応のプロセスは枠組みの変化のプロセスであると考えられる。

3 日本人の国民性

(1) 多様な日本人論

日本人は日本人論の好きな国民であるといわれる。現在まで、日本人論に関する膨大な著作が発表されている。日本人論の中では日本人の特徴を

表7-1 「日本人論」における主なキーワード

著者	初出年	キーワード
ベネディクト	1946	恥の文化，罪の文化
中根千枝	1967	タテ社会
土居健郎	1971	甘え
河合隼雄	1976	母性原理社会
濱口恵俊	1977	間人主義
ライシャワー	1988	タテマエとホンネ
中山治	1989	ぼかしと察し
小此木啓吾	1991	阿闍世コンプレックス

端的に言い表したキーワードが使われているものも多い。現在までの日本人論の中でさまざまなキーワードが提唱されてきていて、とてもすべてを網羅しきれないが、代表的な著作に見られるキーワードの例を表7-1にあげる。

こうした日本人論は学際的な広がりを見せ、歴史学、文学、政治学、社会学、人類学、民族学、精神医学、心理学などの諸分野から研究が進められている。さまざまな視点からの日本人論が展開されているが、南（1994）は明治期から現代までを振り返り、現代の総合的日本人論を3期に分類している。第Ⅰ期は1960年から1973年頃で、この時期は日本人の対人関係を取り上げたものが目立つ。「タテ社会」「甘え」などの日本人論の代表的キーワードもこの時期に出現している。第Ⅱ期は1974年から1985年頃で、この時期は日本人の集団心理論に焦点が当てられていた時期である。第Ⅲ期は1986年以降で国際化の中での日本

人の心理生活に焦点が当てられている時期である。

(2) キーワードから見る日本人の国民性

① 恥の文化： 古典的な日本人論の代表的なものは、第2次大戦後すぐ出版された、ベネディクトの『菊と刀—日本文化の型』である。彼女はこの中で義理と人情が行動原理となっている日本人の特質を述べ、西欧社会が「罪の文化」であるのに対し日本は「恥の文化」であると分析した。

② タテ社会： 中根千枝は社会人類学の立場から『タテ社会の人間関係』で日本人の人間関係を分析し、タテの序列意識によって支えられる準拠集団への帰属意識が日本人の人間関係の基盤となっており、ヨコの人間関係に弱いことを示した。同一組織内では年齢、学歴、入社年度などによる序列が基本で、能力差は同一序列枠内の限られた幅でしか認められていない。逆に横並びの集団や同僚関係は、競争事態となると過当競争になってしまうと指摘している。

③ 甘え： 精神分析の立場からは、土居健郎が有名な『甘えの構造』を著している。この本は、英語、ドイツ語、フランス語、イタリア語、インドネシア語など各国語に翻訳され、「甘え」が日本人の心性を理解するキーワードとして広まった。土居は「甘え」という語彙は日本語固有の語彙であり、この言葉によって表現される日本人の人間関係は、子どもの母子関係だけでなく、大人同士の人間関係に広く当てはまることを示した。そして、精神分析学の立場から、日本人独自の自我や人間関係の特異性を「甘え」というキーワードを使って分析した。これに対しては、韓国のイ・オリョンが「甘え」関連の語彙は韓国語の方がはるかに豊富に有し、甘えで象徴される人間関係の特徴は韓国人により強く見られると指摘し、甘えが日本独自ではないと批判している。土居もその後、甘えが日本人に特有ではなく、人間に共通の要求の1つであると位置づけ、甘えという日常語の語彙を持つ日本では、このような感情に気づきやすいと述べている。

④ 間人主義： 西洋文化が個人主義で、日本文化が集団主義であるというのは間違いで、日本人は間人主義と考えるべきだとしたのが、濱口恵俊である。

自己を単独の行為主体として保っている個人主義に対して、間人主義というのは、相手との関係を樹立することが先で、その中で初めて、自己の安定した行為主体性が確保される。個人主義の属性として、自己中心主義・自己依拠（信頼）主義・対人関係の手段視を、間人主義の属性として、相互依存主義・相互信頼主義・対人関係の本質視をあげている。

(3) 日本人のコミュニケーション

日本人のあいまいな言語的・非言語的コミュニケーションの仕方についても、しばしば取り上げられている。中でも、樋口勝也は言語的・非言語的コミュニケーションの分析枠を用いて、アメリカ人と日本人のコミュニケーションの特徴を理論化している。それによると、アメリカ人は、顔の表情、身振り、身体接触など非言語的コミュニケーションを積極的に用いて、自分の感情を表現しようとするのに対し、日本人は非言語的コミュニケーションを積極的に利用しないので、かすかな手掛かりから相手の感情を察しなければならない。また、言語的コミュニケーションでも、日本人は婉曲で玉虫色のあいまいな言語表現を用いるので、やはり察しによる対人的理解が非常に重要であると指摘している。これは、中山治が臨床心理学者の立場から、日本人のコミュニケーションの特徴として「ぼかし」をあげ、「察し」という対人間コミュニケーションの存在を指摘した分析と一致している。中山は、日本人に多い対人恐怖症といった問題を説明するのに、このような日本人のコミュニケーションの特徴から分析している。

(4) 計量的研究に見られる日本人の国民性

統計数理研究所国民性調査委員会により日本人の国民性に関する長期的・総合的調査プロジェクトが行われ、計量的に日本人の特徴が研究されている。1953年から1988年にかけて5年おきに日本人の国民性に関する全国調査が計8回実施されている。毎回、層別多段抽出法によって抽出した3,000〜6,000人程度の20歳以上の日本人成人を対象に戸別訪問調査が行われた。また、1971年の

ハワイ日系人調査に始まり、アメリカ、フィリピンなど東南アジアとの比較や、アメリカ、フランス、ドイツ、イギリスの4ヶ国との比較など、国際比較も試みられている。この調査に一貫してかかわってきた林知己夫は、日本人のもっとも顕著な特徴として「人間関係を重視する傾向」と「中間的な回答をする傾向」を指摘している。そして、それは約40年間、一貫して変化していない。人間関係を重視する傾向は、ⅰ）生活領域において「友人・知人をきわめて重要である」とし、ⅱ）「仕事はできるが、他人の事情や心配事に無関心な人」よりも「他人と仲がよく何かと頼りになるが、仕事はあまりできない人」を望ましいとし、ⅲ）物事を決定するとき「一定の原則に従うことを重視する人」より「他人との調和を図ることに重点を置く人」を好み、ⅳ）自分の上司として「めんどうみのよい課長」を望み、ⅴ）仕事をするとき「気のあった人たちと働く」ことを考慮する、という回答に表れるが、日本人はこの傾向が他の国に比較して多い。そして、選択肢の用意されている11の質問に対する回答において中間的回答をした質問数を示したのが、図7-3である。日本では同時期に2回実施しているが、2回の結果は同一の傾向にあり、他の国に比較して、中間

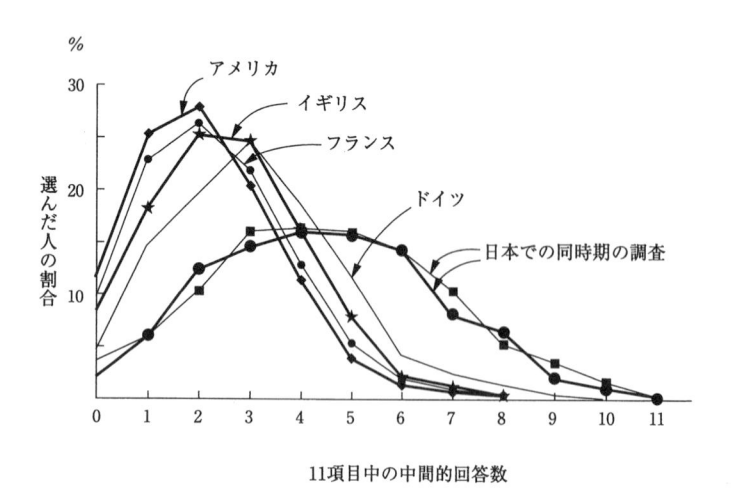

図7-3　中間的回答数の5ヶ国比較

（林, 1996）

的回答をする割合が多い。このような結果は、前述した数々の日本人論と基本的に一致する傾向である。

　この長期的なプロジェクトでは、日本人の変化した側面も見ることができる。この40年の間に、たとえば、西洋人に対する劣等意識は減少し、日本人であることの自信が強くなってきた。また、家意識は急激に減少し、女性であることの肯定観も強くなってきている。一方、若者の間には保守回帰といった傾向が見られることが指摘されている。

（伊坂裕子）

〈参考文献〉

Benedict,R., *The chrysanthemum and the sword: Patterns of Japanese culture*, Houghton Mifflin, 1946（長谷川松治訳『現代教養文庫（定訳）菊と刀―日本文化の型』社会思想社、1967）
中根千枝『タテ社会の人間関係―単一社会の理論』講談社現代新書、1967
土居健郎『甘えの構造』弘文堂、1971
南　博『日本人論―明治から今日まで』岩波書店、1994
波多野誼余夫・高橋恵子『子どもと教育　文化心理学入門』岩波書店、1997
林知己夫・櫻庭雅文『数字が明かす日本人の潜在力―50年間の国民性調査データが証明した真実』講談社、2002
山口　勧編『社会心理学―アジアからのアプローチ』東京大学出版会、2003

人名索引

あ行

アイゼン, I. ………………………… *72, 112*
アッシュ, S.E. ……………………… *15, 95, 115*
アロンソン, N.H. …………………… *124*
アンダーソン, N.H. ………………… *115*
ウィックランド, R. ………………… *36*
ウォルスター, E. …………………… *122*
ウッド, W. …………………………… *78*
オスグッド, C.E. …………………… *19*
オールポート, G.W. ………………… *60, 132*

か行

カイバー, N.A. ……………………… *36*
カーディナー, A. …………………… *148*
カッツ, D. …………………………… *62*
川本 勝 ……………………………… *142*
北山 忍 ……………………………… *150*
ギーン, R.G. ………………………… *53*
グアランテリ, E. …………………… *134*
グライチャー, F. …………………… *79*
クレイク, F.I.M. …………………… *35*
ケリー, H.H. ………………………… *88, 118*
ケルマン, H. ………………………… *76*
コール, M. …………………………… *150*
コットレル, N.B. …………………… *50*

さ行

ザイヤンス, R.B. …………………… *50, 108*
サンプソン, E.E. …………………… *152*
ジェームズ, W. ……………………… *33*
シェリフ, M. ………………………… *60, 80, 93*
ジュラード, S. ……………………… *47*
ジョーンズ, E.E. …………………… *45, 119*
ジンバルド, P.G. …………………… *55, 89*
鈴木裕久 …………………………… *143*
スナイダー, M. ……………………… *47, 110*
スピロ, O. …………………………… *151*
スメイサー, N.J. …………………… *134*
スワン, W.B., Jr. …………………… *41, 110*

た・な行

タイラー, E.B. ……………………… *146*
ターナー, J.C. ……………………… *84*
ダーリー, J. ………………………… *57*
ディシ, E.L. ………………………… *30*
テッサー, A. ………………………… *42, 43*
デバイン, P.G. ……………………… *108*
デュボア, C. ………………………… *148*
土居健郎 …………………………… *158*
ドイッチュ, M. ……………………… *94, 128*
ドゥエック, C.S. …………………… *27*
トパスキー, A. ……………………… *111*
トーマス, W.I. ……………………… *59*
トリアンディス, H.C. ……………… *152*
中根千枝 …………………………… *158*
ナップ, M.L. ………………………… *132*

は行

ハイダー, F. ………………………… *64*
バウワー, G.H. ……………………… *113*
バーグ, J.A. ………………………… *107*
ハーシィ, P. ………………………… *101*
バートレット, F.C. ………………… *109*
濱口恵俊 …………………………… *158*
林知己夫 …………………………… *160*
林 文俊 …………………………… *117*
バーン, D. …………………………… *123*
バンデューラ, A. …………………… *31, 53*
ヒギンズ, E. ………………………… *39, 117*
樋口勝也 …………………………… *159*
広瀬弘忠 …………………………… *125, 135, 142*
フィードラー, F.E. ………………… *102*
フィッシュバイン, M. ……………… *70*
フェイジオ, R.H. …………………… *73*
フェスティンガー, L. ……………… *42, 54, 65, 122*

フェニングスタイン, A. ……………………37
フォーガス, J.P. ……………………113
フロム, E. ……………………149
ヘイスティー, R. ……………………116
ペティー, R.E. ……………………67
ベネディクト, R.F. ……………………147, 158
ボアーズ, F. ……………………147
ホヴランド, C.I. ……………………75
ホン, Y. ……………………153

ま 行

マーカス, H. ……………………34, 109, 151
マクガイア, W.J. ……………………81
マクギニズ, E. ……………………107
マースタイン, B.I. ……………………122
マズロー, A.H. ……………………25
マックラエ, R.R. ……………………154
マレー, H.A. ……………………24
三上俊治 ……………………132, 134
三隅二不二 ……………………100
ミード, M. ……………………147
南 博 ……………………143
ミラー, N.E. ……………………31
ミルグラム, S. ……………………97
メイヨー, G.E. ……………………91
モーリス, D. ……………………153
モレノ, J.L. ……………………21, 89

や・ら・わ行

山村武彦 ……………………126

ラタネ, B. ……………………52, 56, 141
ラピエール, R.T. ……………………69
リピット, R. ……………………100
リービット, H.J. ……………………91
リントン, R. ……………………148
レッパー, M. ……………………29
ロス, L. ……………………121
ローゼンバーグ, M.J. ……………………38, 61
ローゼンバーグ, S. ……………………117
ロックハート, R.S. ……………………35

ワイナー, B. ……………………26, 120
若林佳史 ……………………129, 140

事項索引

あ 行

愛他行動 …………………………… 141
アクセシビリティ（理論）………… 73, 117
甘えの構造 ………………………… 158
暗黙の指名効果 …………………… 142
暗黙の人格理論 …………………… 117
閾下知覚 …………………………… 106
異文化接触 ………………………… 156
印象形成 …………………………… 114
インフォームド・コンセント …… 21
上向きの社会的比較 ……………… 42
エキスパート・エラー …………… 129
SD法 ………………………………… 19
援助行動 …………………………… 55

か 行

外発的動機づけ …………………… 29
確証バイアス ……………………… 110
カクテル・パーティ効果 ………… 33
隔離性アメンチア ………………… 10
カテゴリー化 ……………………… 85
カテゴリー・システム …………… 17
カリスマ型リーダー ……………… 103
観察学習 …………………………… 31
観察者効果 ………………………… 50
感情的攻撃 ………………………… 53
間人主義 …………………………… 158
帰属の基本的錯誤 ………… 121, 153
希薄効果 …………………………… 111
規範 ………………………………… 93
規範の影響 …………………… 94, 128
規範の機能 ………………………… 88
気分一致効果 ……………………… 113
基本的パーソナリティ構造 ……… 148
客我 ………………………………… 33
凝集力 ……………………………… 91
共同効果 …………………………… 50
恐怖管理理論 ……………………… 39
共変動の原理 ……………………… 118
均衡理論 …………………………… 64
計画（段階）的行動モデル（TPB）……… 72
決定枠組み効果 …………………… 111
権威主義的性格 …………………… 84
原因帰属（過程）………… 26, 118, 120
現場実験 …………………………… 15
5因子論 …………………………… 154
行為者・観察者効果 ……………… 121
好意の獲得－損失効果 …………… 124
攻撃行動 …………………………… 52
公式集団 …………………………… 87
向社会的行動 ……………………… 55
構造の同意 ………………………… 96
行動目録法 ………………………… 16
コミュニケーション回路 ………… 90

さ 行

最小社会的圧力場面 ……………… 94
サブリミナル効果 ………………… 106
参加観察法 ………………………… 16
惨事ストレス ……………………… 141
刺激閾値 …………………………… 106
自己意識 …………………………… 37
自己開示 …………………………… 47
自己概念 ………………… 33, 39, 110
自己確証過程 ……………………… 41
自己覚知 …………………………… 36
自己観 ……………………… 35, 151
自己決定感 ………………………… 30
自己高揚 …………………………… 40
自己効力感 ………………… 31, 142
自己照合効果 ……………………… 35
自己注意焦点化 …………………… 37
自己呈示 …………………………… 45
自己評価維持（モデル）…………… 42
自己不一致理論 …………………… 39
自尊感情（自尊心）………………… 38
下向きの社会的比較 ……………… 42

事項索引　165

実験室内実験 …………………………… *15*
質問紙調査法 …………………………… *17*
私的受容 ………………………………… *96*
シナジー（相乗効果） ………………… *104*
社会化 …………………………… *31, 83*
社会的アイデンティティ理論 ………… *84*
社会的学習 ……………………… *31, 53, 83*
社会的実在性 …………………………… *95*
社会的性格 …………………………… *149*
社会的促進 ……………………………… *49*
社会的妥当性 …………………………… *96*
社会的手抜き …………………………… *51*
社会的動機 ……………………………… *23*
社会的比較理論 ………………………… *42*
社会的抑制 ……………………………… *50*
従属変数 ………………………………… *15*
集団維持機能 …………………………… *91*
集団目標達成機能 ……………………… *91*
主我 ……………………………………… *33*
熟考行為モデル（TRA） ……………… *70*
準拠集団 ………………………………… *88*
準拠枠 …………………………………… *93*
状況即応理論 ………………………… *102*
情報的影響 ……………………………… *94*
情報統合理論 ………………………… *116*
所属集団 ………………………………… *88*
初頭効果 ……………………………… *115*
ジョハリの窓 …………………………… *44*
処理水準 ………………………………… *35*
新近効果 ……………………………… *115*
心的外傷（トラウマ） ……………… *138*
心的外傷後ストレス症候群（PTSD） … *138*
心理的リアクタンス …………………… *77*
親和動機 ………………………………… *24*
スキーマ ……………………………… *109*
スクリプト …………………………… *109*
ステレオタイプ ………………… *82, 108*
スリーパー効果 ………………………… *76*
正常性バイアス ……………………… *126, 128*
精緻化見込みモデル（ELM） ………… *66*
生理的動機 ……………………………… *23*
接触仮説 ………………………………… *85*
セルフ・サービング・バイアス ……… *40*
セルフ・スキーマ ……………………… *34*

セルフ・ハンディキャッピング …… *27, 121*
セルフ・モニタリング ………………… *47*
戦略的自己呈示 ………………………… *45*
ソシオグラム …………………………… *21*
ソシオメトリー ………………… *21, 89*
組織的観察法 …………………………… *16*

た　行

対応推論理論 ………………………… *119*
対人（的）魅力 ……………………… *88, 122*
態度測定法 ……………………………… *19*
態度の機能 ……………………………… *62*
態度の3要素 …………………………… *61, 83*
代理状態 ………………………………… *98*
達成動機 ………………………………… *24*
タテ社会 ……………………………… *158*
単純接触効果 ………………………… *108*
地位 ……………………………………… *89*
チェック・リスト法 …………………… *16*
知覚的防衛 …………………………… *107*
追従 ……………………………………… *96*
釣り合い仮説 ………………………… *123*
ディセプション ………………………… *21*
手掛かり分離仮説 ……………………… *76*
デブリーフィング ……………………… *22*
動機の階層説 …………………………… *25*
道具的攻撃 ……………………………… *53*
統合的関係調整能力 ………………… *157*
統合的形態論 ………………………… *147*
同調行動 ………………………… *84, 95, 128*
独立変数 ………………………………… *15*

な　行

内発的動機づけ ………………………… *28*
認知的経済性 …………………………… *83*
認知的不協和理論 ……………………… *65*
ネットワーク理論 …………………… *113*

は　行

媒介変数 ………………………………… *15*
恥の文化 ……………………………… *158*
パニック ……………………………… *134*
PM理論 ……………………………… *100*
比較的機能 ……………………………… *88*

非公式集団 …………………………87
避難行動 ……………………………125
ヒューリスティック ………………111
ヒューリスティク・モデル（HSM）…68
評定尺度法 …………………………17
ファシリテーター型リーダー ……104
プライミング効果 ……………74, 107
フレーミング ………………………54
文化決定論 …………………………147
文化進化論 …………………………147
文化心理学 …………………………150
文化相対論 …………………………147
平均以上の効果 ……………………40
便宜的同意 …………………………96
偏見 …………………………………83
傍観者効果 ……………………57, 141
ホーソン研究 ………………………91
没合理的 ……………………………135
没個性化 ……………………………55

ま・や行

マネジメント・サイクル …………99
身代わり ……………………………84
ミニマル・リスク …………………21
メディア・ミックス ………………144
面接調査法 …………………………18
モーダルパーソナリティ …………148
モデリング ……………………31, 53
モラール ……………………………91

役割 ……………………………84, 89
役割演技 ……………………………89

ら・わ行

ライフ・サイクル理論 ……………101
利己的帰属のバイアス ………40, 121
リーダーシップ・スタイル理論 …100
流言 …………………………………131
流行 …………………………………142
臨床社会心理学 ……………………14
類似的魅力仮説 ……………………123

割引原理 ……………………………119
割増原理 ……………………………119

ガイド　社会心理学

2006年5月10日　初版第1刷発行
2019年4月25日　初版第6刷発行

編　者　田之内　厚　三

発行者　木　村　哲　也

・定価はカバーに表示　　　印刷　新灯印刷／製本　新里製本

発行所　株式会社　北 樹 出 版
URL:http://www.hokuju.jp
〒153-0061　東京都目黒区中目黒1-2-6　　電話（03）3715-1525（代表）

©2006　Printed in Japan　　　　　ISBN4-7793-0058-4
（落丁・乱丁の場合はお取り替えします）

社会心理学
ニューセンチュリー・シリーズ

21世紀を迎え、社会心理学の新しい展開を目指し、最近の研究動向を踏まえたうえで、現代の社会心理学の広範囲にわたる状況を的確に把握し解明する。
　図や表、または写真などを多数利用して、時代の流れに即しつつ、アカデミックな分析視点から21世紀を眺望する斬新なシリーズと注目される。学生のテキスト、一般読者層を念頭に置いて、読み易い表現と分りやすい内容のものとなることを意図とする。

船津　衛・安藤　清志　編著
自我・自己の社会心理学
シリーズ　第1巻

種々の問題が生じている現代人の自我・自己のあり方を多角的に研究・考察して、人間のさまざまな社会的行為・行動の理解に有効な見方を把握させ、多様性に富んださらなる展開を意欲的に試みた注目書。
A 5 上製　154頁　1800円（863-1）　[2002]

田中　淳・土屋淳二　編著
集合行動の社会心理学
シリーズ　第2巻

集合行動研究の全体像を俯瞰して、その源流から最新の動向まで網羅し、現代における意義を多角的に広く捉えた包括的な論究として新たな息吹きを提示する。未だ類書のない総合的テキストと注目される。
A 5 上製　198頁　2300円（870-4）　[2003]

大島　尚・北村英哉　編著
認知の社会心理学
シリーズ　第3巻

高度な内容を含みつつ、単なる研究分野の紹介ではなく、研究の魅力・面白さが自然に伝わるよう興味深い切り口から追究し、初学者が最先端研究の知的刺激に触れ、理解できるよう分かりやすく解明する。
A 5 上製　186頁　2300円（937-8）　[2004]

片瀬一男・高橋征仁・菅原真枝　著
道徳意識の社会心理学
シリーズ　第4巻

道徳とは何か。発展心理学を認識論的に基礎づけたコールバーグの道徳的発達理論がさまざまな知的交流のなかから彫琢されてきた経過をあとづけることを中心に、道徳意識の発達過程を平易に解明する。
A 5 上製　142頁　1800円（853-4）　[2002]

伊藤　勇・徳川直人　編著
相互行為の社会心理学
シリーズ　第5巻

社会的世界の探究を相互行為を切り口として進めようとする、シンボリック相互作用論、ゴフマン理論、エスノメソドロジー、会話分析、構築主義等多彩な諸潮流の基本的視覚と方法、具体的成果を紹介、解説する。
A 5 上製　204頁　2300円（871-2）　[2002]

辻　正二・船津　衛　編著
エイジングの社会心理学
シリーズ　第6巻

従来の高齢者についてのマイナス・イメージを越え、プラスの側面を多角的・綿密な調査資料に基づき具体的に論究し、急速度の高齢化の現象を踏まえてエイジングの観点からその社会心理を鮮明に解明する。
A 5 上製　152頁　1800円（917-4）　[2003]